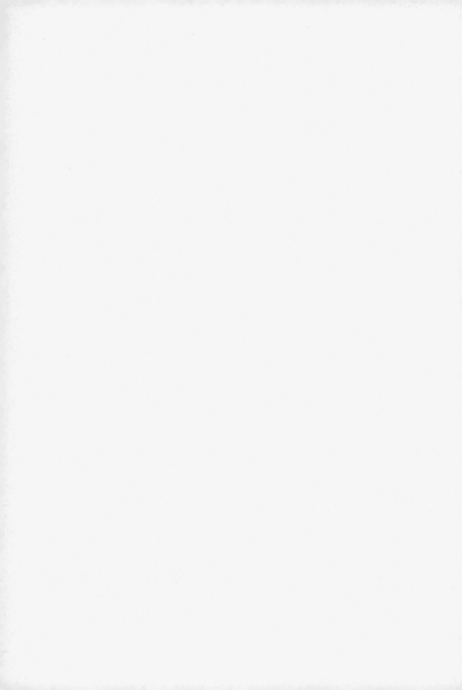

関係支援を核とした学級づくり

「特別でない」特別支援教育をめざして

拝野佳生
Haino Yoshiki

解放出版社

装丁◉森本良成

巻頭言

元大阪教育大学教授　園田雅春

拝野さんとは一〇年来のつながりだ。ある大規模な研究会の常任司会者が彼で、私は共同研究者という立場だった。その研究会でも拝野さんは常に熱弁をふるった。舌鋒《ぜっぽう》鋭く、なお情に厚い。実践意欲にあふれた人物だ。人、そして教育という営みへの探求心が尽きない無二の存在である。

教育現場での拝野さんの立ち居振る舞い。これをじかに拝見したことはない。だが、本書を精読すると、子ども・保護者・教職員との日々のつながりようは推察していたとおりだった。さらに、自分の家庭内でも子ども・仕事について熱く語る彼の姿をうかがい知ることができた。

今般、巻頭言の執筆依頼を受け、全文を冷徹に読み進めようと努めた。ところが、いつのまにか引き込まれ、とうとう読みふけってしまった。どの章も深くて重厚。全体を通して濃淡というものはない。三八年間の彼の仕事が横溢《おういつ》し、まさに結晶と化しているのが本書である。

サブタイトルに〈「特別でない」特別支援教育をめざして〉とある。もしかすると、書店や通販サイトでは「特別支援教育」のジャンルに振り分けられるかもしれない。だが、内容的には人権教育を軸にすえた「教育という営みの本質論」が随所に脈打っている。キーワードは「関係支援」。これは彼自身の造語だという。「子ども同士の関係を〝つなぐ〟ための支援」ということだが、その支援者が教師などおとなであるのは第一段階。めざすは「子ども同士が関係を〝つなぐ〟関係支援」、つまり子どもの子どもによる子どものための「関係支援」の実現なのだ。一朝一夕に成り立つものではないが、この段階をわすれるわけにはいかない。教師は善意と常識と慣習によって、いつまでも子どもの前に立ちがちだが、フェイドアウトしていくべき身なのである。「支援者（教師）の物理的距離が近すぎると友だち同士の関係がつくりにくい」。この事実を拝野さんは現場で痛感してきた。したがって、「手を放しても目を離さないという距離感」を重視する。教師の役割は子どもの自立を支援し、子どもたちの自治の姿を見守ること。そう考えているのだ。本書には感動的な「事例」がいくつも紹介されている。これらは拝野さんと子どもたちによる「関係支援」の共創から生まれた事実だ。教育現場に生きる人間の強みがここにある。

自説にもとづいた実践の展開と、子どもの事実に裏付けられた持論の再構成。まさに実践と理論の往還によって紡ぎ出された教育実践方法論の一典型である。本書はその入門書であり専門書でもある。拝野さんの青年教師時代から円熟期に至る進化の過程。そこには必ず被差別マイノリティの子ども・保護者との出会いがあった。その実相について、事実をして語らしめる珠玉の一冊である。一人でも多くの方々に読んでいただけることをこころより期待したい。

はじめに

　本書のタイトルにある「**関係支援**」ということばですが、おそらくほとんどの読者にとって耳慣れないと思います。これは「子ども同士の**関係**を〝つなぐ〟ための**支援**」という意味で、私が使いはじめた造語ですので、辞書などには載っていません。ただ、「関係支援　拝野」でネット検索をしてみると、私が定期的に学習会をさせていただいている「宝塚発達心理ラボ」（地元在勤・在住の臨床心理士たちによる研究会）のフェイスブックなどの記事や、少し前に投稿した研究論文（「兵庫教育大学発達心理臨床研究センター」の研究紀要）、また、学会発表をしたときの記事（日本心理臨床学会「自主シンポジウム」）などがいくつかヒットします。

　これは、とくにここ数年、「関係支援」という発想や具体的な実践を広く発信しようと考え、そのことをとおして自己研鑽《けんさん》をより深めていきたいという思いを強くしたからです。

　さて、その「関係支援」ですが、これは「学び合い支え合う仲間づくり」という日々の教育活動をとおして、必然的に紡ぎ出されてきた着想です。そして、その実践は、特別支援教育の文脈で考えてみると、「〝**特別でない**〟**特別支援教育**」にとりくむための具体的方法であるともいえます。それをめざすという意味で、これを本書のサブタイトルとしました。

一二、三年ほど前になりますが、私は小学校で特別支援学級の担任をしていました。支援スタイルは主に二種類あり、ひとつは、特別支援教室での個別学習です。これは、全国的にどこの特別支援学級でも実施されていると思います。もうひとつは、交流学級の教室に入り込み、そこの授業を一緒に受けながら、担任の指示に従い、必要に応じた支援をするかたちです。これは、地域や校種、また児童・生徒の状態などによる違いが大きく、そうした支援をほとんどしていない学校もあれば、日常的に実施している学校もあるようです。ちなみに、私が勤める兵庫県内、とくに阪神間の小学校では比較的多くの学校でとりくまれているようです。

交流学級に入り込んで支援をする際、私がいつも心がけていたことがあります。それは、支援学級に在籍する子の**まわりにいる子たちへの声かけ**です。支援学級籍の子に限らず、どの教室に入っても、何らかのサポートを必要とする子が何人かいます。私は、その子たちからあえて離れるようにしていました。そして、**その子とまわりの子たちとのやりとり**を注意深く見ていました。するとと、何らかのサポートをしてくれる子がいます。そこで私は、

「いまみたいな言い方で教えてあげると、わかりやすいよね」

「そうやってトントンと肩を叩《たた》いてあげると、ことばで注意するより伝わるかもね。すごいね、

Aさん。もしかして、Bさんとのかかわり方、先生より上手かもね」

などと、頻繁に声をかけていました。また、そういう支援を目にしたとき、近くの子たちに、

「ねえねえ、いま、AさんがBさんの肩をトントンって優しく叩いて、やるページを教えてあげていたよ。そしたら、いつもみたいにBさんは怒らず、すぐにやりはじめたよ」

などと話します。そうすることで、私がそばにいなくてもBさんが落ち着いて学習にとりくみ、気持ちよく過ごせるような支援が、子どもたちのなかに広がっていきました。


要するに、私の役割は、友だち同士を〝つなぐ〟ことでした。どこかの教室に入り込んだときには、常に「関係支援」を意識して子どもたちと接していました。なぜなら、私はその教室にずっといるわけではないからです。たまにしか行けない教室で、私がいないときにこそ、子ども同士の支援が必要ではないかと考え、子どもたちを〝つないで〟いました。


そういう支援を続けていたある日、六年生の子が次のように言ってきました。それは、

「先生、どうしていつもうろうろしているのですか？　なんか、すごく暇そうに見えます。それに、離れて見ていたら、○○さんのお手伝いとかできないのではないですか？」

という、厳しく、そして鋭い指摘でした。私は、

「いやぁ、よく見ているね。そう、先生はこうしてうろうろしながら、みんなの様子を見てい

るよ。もちろん、必要があれば、すぐに直接お手伝いに行く。でもね、いつも先生がサポートしていたら、みんなが○○さんとかかわれないでしょ。先生がこうして離れて見ていると、みんなけっこう、いろいろ助けてくれているよね。君たちはいま六年生だから、あと数カ月で先生とはお別れだよね。でもね、君たち同士は少なくともあと三年、中学校で一緒だよね。先生は、みんなにはついていけないから、いまのうちに君たち同士の関係を〝つないで〟おきたいの。先生が直接、いろいろと支援するのは簡単だけど、それでは来年以降につながらないよね。だから、こうして離れて見ていて、サポートしてくれる子がいたら、『ありがとうね』って言いに行く。それがいま、先生は自分の大事な仕事だと思ってやっている。もちろん、すべてを君たちに任せるつもりはないけどね」

と話しました。その子は、

「へぇ、先生って、いつもただ単にうろうろしているだけだと思っていたけど、けっこう、いろいろ考えていたのですね。○○さんだけではなく、私たちまわりの子のことも……」

と、かなり上から目線でしたが、素直な気持ちを話してくれました。


さて、本書は、こうした「関係支援」の具体的実践事例について、まとめたものです。

第1章では、「関係支援」にいたる経緯を、**人権教育の視点**から振り返ります。そして、支援の対象を「当事者から周囲へ」とシフトチェンジした理由について、詳細に述べます。

第2章では、「**関係支援**」**の具体的展開**を、四つの事例をとおして考察します。この原稿の初出は、前述した兵庫教育大学発達心理臨床研究センターの研究紀要『発達心理臨床研究』(2012, vol.18)です。

第3章では、「**支援者の役割**」に焦点を絞り、教職員同士、教員と保護者などに関する三つの事例をあげ、考察します。この原稿の初出も、同研究紀要(2014, vol.20)です。

第4章では、「関係支援」のベースとなる**学級経営**について詳述し、それをふまえた事例を二つ紹介します。それらは、関係支援の「ひとつの」終着点ともいえるかもしれません。

二〇二三年七月

拝野佳生

もくじ

第1章　「関係支援」にいたるまで

第1節　人権意識の〝変わり目〟となったエピソード

第1項　解放学級の指導員として

◉初めての教職

大学を卒業した一九八四年の春、臨時講師として兵庫県西宮市のV小学校に勤め、三年生を担任しました。年度初めにいろいろ決める大事な学級会、真新しい教科書を開いて進める学習、そのどれをとっても何をしたかなんてまったく覚えていません。ただ、わずか五分の休み時間でも、外に出て子どもたちと一緒に遊んでいました。それは、鮮明に覚えています。とにかく毎日が楽しかったものです。

しかし、諸般の事情（残留条件が音楽専科！）により五月以降の継続をお断りしたため、わずか一カ月で退職しなければなりませんでした。その最終日、突然の別れに驚き、「どうして？」と涙ながらに訴えてくる子どもたちを前にして、「ちゃんとした先生と違うから……。先生のテストに合格して……」などと、しどろもどろの説明を繰り返していました。私の話に納得できず、順番に握手をしてもなかなか帰ろうとしません。そこで私は、「先生のテストに合格して、もしかしたらV小学校に帰ってくるかもしれないから……」などと、子どもたちの気持ちを深く考えずに、無責任なことばを口にしていました。と同時に、非正規の悔しさと悲しさを痛感し、次の試験で絶対に合格するのだという決意を固めていました。

その後、三カ月ほど、教員採用試験の受験勉強に集中しました。食事と入浴、睡眠以外は一日ずっと勉強という生活は、けっこうしんどいものでした。そんな日々を悶々《もんもん》と過ごしていたころ、自宅に大きなサイズの分厚い封筒が届きました。V小学校からです。開けてみると、子どもたちからの小さな封書がたくさん入っていました。新しい担任の先生のお手紙もありました。それによると、国語で手紙の書き方を学習し、実際にだれかに書こうということで、全員が「拝野先生に書きたい！」と言ってくれたとのことでした。

一人ひとりの手紙を読みながら、わずか一カ月足らずの付き合いしかなかったのに、こんなにも自分のことを思ってくれているのだと思うと、涙を抑えることができませんでした。と同時に、ほとんどの子たちが、「ほんとうにV小に帰ってきてくれるのですか?」「いつ帰ってきますか?」「私たちが六年生になるまでには帰ってきてくれますか?」など、私がV小学校に戻ることにふれて書いてくれていたのです。しかし、実は私、その手紙が届いたころ、自分がそういう話をしたことを、正直なところ忘れてしまっていました。子どもたちの手紙を読みながら、思い出したわけです。そのとき、「教員の何気ない一言が、こんなにも子どもたちに響くのだ」とつぶやきながら、そのことを痛感しました。そして、その責任の重大さを感じるとともに、そういうやりがいのある仕事に就くための受験勉強を、いま自分はしているのだということを強く自覚することができました。その思いを胸に自分を鼓舞しながら、しんどかった受験勉強をがんばりぬくことができたと思います。

◉解放学級への赴任

四月末でV小を退職したあと、すぐに西宮市の教育委員会から次の赴任先についての連絡がありました。「今回は産休・育休の代替なので、最低一年はあります。五月半ばからです」というお話でしたが、「教員採用試験に集中したい」という理由で、丁重にお断りしました。

その後、連絡をいただいたのが、試験終了後の八月、解放学級の指導員(市の嘱託職員)という立場でした。市教委の担当者が仕事の概要を説明してくださいましたが、「解放学級」は大学の講義（部落問題概論）で少し聞いた程度で、具体的なイメージができませんでした。しかし、とにかく働いてみないとわからないと思い、市教委の話を受けることにしました。

ここで、解放学級について少しだけ書いておきます。

一九六九年、「同和対策事業特別措置法（同対法）」が施行され、部落差別の解消にむけたさまざまな施策が、行政の責任として進められました。そのひとつが解放学級（当初は学力促進学級）です。当初の名称にもあるように、その目的のひとつは「学力保障」です。もうひとつが「部落差別の歴史を学ぶ」ことでした。私が赴任したのは一九八四年でしたから、そのころは同対法を引き継いで一九八二年に施行された「地域改善対策特別措置法（地対法）」のもとで実施されていた事業ということになります。私が赴任する少し前に、当市では「学力促進学級」から「校外学級」に名称を変更したそうです。その後、地対法は一九八七年に「地域改善対策特定事業に係る国の財政上の特別措置に関する法律（地対財特法）」に引き継がれました。しかし、二〇〇二年の法の期限切れに伴い、私が勤務していた市の校外学級は、二〇〇三年三月末で閉鎖されました。

さて、その校外学級ですが、小学生は一六時、中学生は一八時になると学習が始まりました。学校の宿題をやっている子もいれば、教室内に準備されていた学習プリントにとりくんでいる子もいました。教科学習は個別が基本で、私たち指導員が必要に応じて個別指導をするというスタイルでした。一方、部落の歴史などを学ぶ人権学習は一斉授業で、毎回数人来られている学校の先生方が進めてくださることが多かったように思いますが、私たち指導員が進めることもありました。そのための教材研究として、指導員仲間が輪番で担当者を決め、発表形式の自己研修を進めていました。

校外学級には、近隣の小中学校それぞれ三校の子どもたちが通っていました。全六校のうち私たち指導員が担当するのは三校で、私は二小一中を担当していました。その中学校に在籍する子のなかに、学校に行きにくいＳ（二年生女子）がいました。Ｓは学校にはあまり行っていなかったようですが、週二回の校外学級には毎回来ていました。しかし、友だちと顔を合わせることに抵抗があったようで、校外学級では別室で学習していました。当初は指導員が交代でかかわっていましたが、私が別室でＳの担当をすることになりました。

◉「私、結婚は地区の子とする……」

基本的にはプリント学習を進めていましたが、あるとき、Ｓがふと手を止めて、「私、いま、好きな子いるの……」と唐突に話しました。私が、「そうなんや。好きな子かぁ、中二って、そういう年ごろだよね」と返すと、「そうかも。でな、その子な……」と彼のことを詳細に教えてくれます。「彼、部活は？」などと私が時々質問しながら聴くものだから、どんどん話は進んでいくわけです。

と、突然、Sが、「先生、私にばっかり言わせてずるいわ。先生も自分の話してよ！　で、いま、彼女いるの？」と矛先を私に向けてきました。当時、学生時代から三年ほど付き合っていた彼女がいたので、正直に話をしました。すると、「その人と結婚するの？」と突っ込んできます。「いや、それはまだ考えてないかな。とりあえず、正式な教員になってからでないと……」と答えると、Sが急に真剣な顔をして、「先生は試験に合格して正式な教員になったら、その気さえあれば、その人と結婚できるのでしょ？　ええやん。私、さっき話していた子とは結婚は無理やわ」と言います。

私が、「まあ、まだ早いしなぁ」と返すと、Sは「いや、そういう問題と違うの。先生、その子、地区の子じゃないの。わかる？　私、結婚するのなら、絶対に地区の子とする。だってな、先生、結婚って二人だけの問題と違うでしょ。親とか親戚とかいろいろ絡んでくる。そういうのが面倒くさいから、地区外の子は無理なの。親もそう言っているし。でな、地区の子やったら、そういう問題はパスできるでしょ？　そういうこと」

私は、返すことばが見つかりませんでした。話を聞きながら、「結婚は二人だけの問題と違う」ということばを頭のなかで何度も繰り返していました。そして、二三歳にして少しだけそういうことを意識しはじめていた自分と、わずか一四歳でそこまで考えているSを重ね合わせ、自分自身に対してなんとも情けない気持ちになったのです。

それだけではありません。「結婚は絶対、地区の子とする」と真剣に語るSの姿に、差別の現実を目の当たりにしたように思えたのです。「これこそが差別だ。なんで一四歳の子にこんな思いをさせなあかんの。自分が一四歳のとき、そんなこと、微塵《みじん》も考えてなかったよな。結婚とか、まわりのこととか、意識も何もしてなかった。それがどう、この目の前の現実。Sの姿。これを差別と言わずして何を差別と言うのか！」などと考えていました。考えれば考えるほど、先に書いた自分自身に対する情けなさなどの感情よりも、ただただ怒りがこみあげてくるばかりでした。

◉部落差別との出会い

私が小学校高学年のころ、数人の友だちがベーゴマという直径二センチほどの鉄のコマで遊んでいて、ちょっとしたブームになっていました。私も欲しくて、どこで売っているのかを尋ねると、ある友だちが、「説明しにくいから、連れていってやる」と言ってくれました。

数日後、その友だちと二人、自転車でその駄菓子屋に向かいました。行く前に、その子が「だれかに何か言われる、じろじろ見られる、とかあっても無視して通り過ぎろ！」と言い、「なんで？」と返しても、「いいから、言うとおりにしろ！」ということで出発しました。

線路を越えて少し走ると、アスファルトの道路が急に砂利道に変わりました。街並みもいままでとは明らかに違っていました。行き交う人たちの服装も、家のなかで着るような姿でした。途中、何人かの同世代らしき人たちに出会いましたが、だれもが私たち二人をまるでよそ者を見るような視線で追いかけてくるのを感じました。なかには、「われら、どっからよ?」という聞き慣れないことばも聞こえてきました。私は、出発前に友だちが言っていたように、とにかく無視して通り過ぎました。まるで別世界に入ったような奇妙な感じを受けながら、ベーゴマを買って地元に帰ってきたときには、「あぁ、怖かった!」というのが正直な思いでした。

自宅へ帰り、さっそく母親にその話をしました。すると母は、「あんた、あそこは絶対に行ったらアカンで。怖かったでしょ。あそこは怖い人がいっぱいおるから」と言うのです。私が、「どういうこと? あのあたりの人はなんで怖いん? 道路や建物も古いままやし……」などと尋ねるのですが、「とにかく行ったらアカン!」の一点張りで、詳しい説明は聞けないままでした。私は、「なんで?」「おかしい!」などと母親に迫る一方で、ベーゴマを買いに行った他の友だちの話を聞きながら、「なんで?」という思いを募らせるばかりでした。

その後、小学校や中学校の道徳の時間に、部落差別の学習はしたと思います。その内容はほとんど覚えていませんが、「差別」ということばは習ったように記憶しています。しかし、それまで私がいだいていた「なんで?」という疑問に答える学習は、少なくとも高校までにはなかったのではないかと思うのです。なぜなら、大学で初めて、「そういうことやったのか!」と、私の「なんで?」の意味を、「部落問題概論」という講義で知ることができたからです。

学内には「部落問題研究会」などのサークルがいくつかあり、私も何度か友人に入会を誘われましたが、アルバイトなどの多忙さを理由に断りつづけていました。しかし、小学生以来の「なんで?」をもちつづけており、気になる問題ではあったので、完全に避けつづけていたわけではありません。講義などのなかで部落問題についてグループ討論をしたときや、ゼミ旅行などの際には、互いに自分の経験を出し合いながら熱く語り合ったりもしました。そういうことがあるたびに、友人からサークルに入るよう執拗《しつよう》な勧誘を受けましたが、当時の私は、アルバイトを最優先させ、部落問題に真剣に向き合おうとすることなく学生生活を終えました。

◉わが母親とのバトル

校外学級への着任を打診されたとき、私は、逃げつづけてきた部落問題に向き合う貴重な機会を与えられたと考えていました。しかし、先に述べたように、根強い差別意識をもちつづけていた母は大反対でした。「そんなところに行ったら何されるかわからん!」「絶対に行かないで!」などと言い、揚げ句の果てに泣きながら懇願する始末でした。悲しいやら情けないやらで、最初のうちは口論が続きました。

しかし、気を取り直して、「お母さん、なんでそこまで反対するの?」と冷静に尋ねてみましたが、「あんたにはわからん。何を言っても伝わらんわ!」と、興奮して突き放すように言うばかりです。私は、「とにかくいま、おれは部落問題と向き合いたい。いままでずっと逃げてきたけど、いまチャンスやと思っている。いろいろなことを自分の目で確かめたい。お母さんが言うように、彼らがホンマに何をするかわからないような乱暴な子どもらなのか。絶対にそんなことはないはずやと思う。だから、お母さんが何と言おうと、おれは校外学級に行く！」と、思いの丈をぶつけました。母は、「そこまで言うのなら、勝手にしたらいいよ！」と、投げやりに言い放ちました。私は、最初に言っていた「行かないで！」という否定ではなく、「勝手にしたらいいよ！」は肯定だと思い直し、自分を納得させることにしました。

このように、当時の私と母は話せば話すほど気持ちが離れていく感じでした。しかし、その後の会話の次第で、少しでも近づくことができるのではないかと信じていました。だから私は、校外学級での子どもたちの様子や指導員の自主研修会で学んだことなどについて、けっこう母に話していました。その誤解や偏見を払拭したい一心で……。

そんなある日、母がなぜそこまで地区の人たちを避けるのかを話してくれたことがありました。それは、私が小学校三年生のころの出来事でした。

母は、「お父さんの車が、地区のなかで自転車と接触事故を起こしたのを覚えている？」と話しはじめました。私が「まったく覚えていない」と言うと、一緒に話を聞いていた二歳年上の姉は、「私、なんとなく覚えている。お父さんとお母さんが出ていって、遅くまで帰らなくて、二人で心細い夜を過ごした日があった。たしか、私、五年生やったと思う」と言いました。母は、「そう、たぶんその日のことよ」と、話を続けました。私も、少し記憶がよみがえりました。

「お父さんの車が自転車のハンドルにぶつかって転倒したけど、その人はすぐに起き上がって、『すまん、すまん！　ちょっとおれもふらふらしていたなぁ』とか言っていたらしいわ。お父さんはすぐに車から降りて声をかけたけど、『大丈夫！　かすり傷やわ』と、その人が言っていたとのことやった。でも、お父さんは万が一のこともあろうかと思って、『病院に行くことがあれば連絡してください』と、自宅の電話番号を書いた紙を渡したのよ」と。

ここまで聞いた私は、「そういうときは、すぐに警察を呼ばないと。それに、保険屋さんにもすぐ電話しないとアカンよ！」などと口を挟みましたが、母は、「まあ、最後まで聞いて！」と、私のことばをさえぎり、話を続けました。

「その夜、電話がかかってきたのよ。その話によると、とりあえず病院には行ったけど、それも含めて今後のことを話し合いたいから、とにかく来てほしいとのことやった。お父さんは、『治療費などはすべて自動車保険で対応させてもらうので、保険会社の担当者を行かせます』と、何度も言っていた。でも、とにかく、まず当事者同士で話がしたいから来てほしいという一点張りやった。だから、仕方なく、お母さんと二人で行ったのよ」

私が、「保険屋さんも一緒に行けばよかったのに……」と、また口を挟みましたが、母は「お父さんは一人で来るように言われたけど、『妻が行きたいと言っている』と言ってくれて、それは認められたの。まあ、とにかく、もうちょっと聞いて！」と続けました。

「指定された場所に行ってみると、まずは多くの人数にびっくりしたよ。一〇人はいたかな。それで、相手の言い分は、『保険会社を介すると給与証明などの書類が必要になるけど、自分は日雇い労働者なのでそういう書類は出せない。だから、示談で済ませたい。いまここで、現金を払ってほしい』ということやった。お父さんは、保険会社を通すよう繰り返し説得を試みたけど、ダメだった。結局、そういうこともあろうかと思っていくらか持っていっていたお金を渡して帰ってきたのよ。ホンマに怖かったよ、あの夜は。まあ、それっきりで、それ以来、連絡が来ることは一度もなかったけどな」と、一気に話しました。

私は、「二人きりで一〇人ほどを相手に話し合うのは、そうとう勇気がいっただろうね」と、まずは母の気持ちを受け止めました。そのうえで、次のような話をしました。

「お母さん、おれはいま、その話を聞いて、差別の現実ってこんなにも厳しいものなのかと思っている。悪いけど、お母さんたちの気持ちよりも、そっちのほうが気になるわ。校外学級に勤めはじめてから、子どもたちの様子や研修会で学んだことを、お母さんにはいっぱい話してきたね。そういう話のひとつがいま、身近なところで起こっている気がする」と話しはじめました。

母は、「どういうこと？」と少し感情的になりかけましたが、私は冷静に話を続けました。

「つまり、その人は、給与証明を出してもらえるような会社に勤めずに、どうして給与証明さえもらえない日雇い労働だったのかな？　これって、就職差別じゃない？　それに、もしかしたら、その人は、幼いころに日々の生活に必死で学校にも行けず、文字の読み書きさえできなかったのかもしれないよ。だから、書類の作成と言われても対応できなかったのかも。識字学級の話は、前にしたことあるよね。さまざまな事情で学齢期に文字を学べなかった人たちが、大人になってから学ぶ場所があるって話。まあ、とにかく、あれもこれも実際に確かめたわけではないし、すべておれの勝手な想像でしかないのだけどね。それに、もしかしたら、その人たちの言い分は、お母さんたちは『言われた！　要求された！』って相手ばかり責めているよね。でもね、これは『要求』というより『願い』だったと思う。差別と闘ってきた人たちの切実な『願い』だよ。お母さんらに、その『願い』を聞き入れてもらえたから、二度と連絡がなかったのかもしれないよ。ま、とにかく、そういう厳しい差別の現実をあれこれと想像したら、正直、お母さんらの気持ちに思いを馳《は》せる余裕がなかったわ。ごめんな」と。

するといつものように声を荒げることなく、次のように話しました。

「あの日、お母さんとお父さんがどれだけ怖い思いをしたか。あんたには絶対わからんよ。佳生は校外学級に行きはじめてから、子どもらの様子や部落の歴史なんかをいろいろ教えてくれた。『反発しているように見えても、じっくり話せば話してくれる子ばっかりや』とか、『なんで定職がない人が多いのか』とか、『どうして集団でものを言うのか』とか……。お母さんもけっこう勉強になったよ。そういう話を聞くたびに、頭ではわかったつもりやった。でも、頭でいくらわかっても、とにかくあの夜は『怖い』という思いしかなかった。いま、そうして冷静に話してもらっても、その思いは消えないわ」と、とても冷静に語りました。

母が言うように、私は指導員の自己研修会で学んだことを、けっこう頻繁に話していました。母は落ち着いて話を聞いてくれましたが、結局いつも、「でもね……」と持論を展開しました。それでもあきらめず私は話しつづけ、ときには「なんでわかってくれへんの！」と言いながら、涙が出ることも何度かありました。結局、母とはこの問題に関して歩み寄ることはできませんでした。悲しいかな、いまだにそうです。これが、いまなお、私の目の前にある現実です。

もちろん、「私、結婚するのなら、地区の子とするわ」というSの話もしました。「これこそが差別でしょ。おれ、腹立つ！」と必死で言っても、母は、「かわいそうやとは思う。でもな、とにかく、佳生には地区の子とだけは結婚してほしくない」と話をすり替えてしまうような始末で、もう、どうしようもなかったのです。話すほどに離れていく感じでした。

以上のように、指導員時代の出来事、とりわけ「結婚は地区の子とする」というSのことばと思いは、私の人権意識の大きな〝変わり目〟となりました。部落差別を知った小学生のころの「なんで?」から始まり、大学生になって「おかしい！」と少しだけ変わりはしましたが、せいぜいその程度の変化であり、大学時代にサークルに入るなど何らかの具体的な行動につながることはありませんでした。しかし、Sのことばで、その意識が、「腹立つ！」「何とかしたい！」というような感情を伴うレベルでの認識に変わったように思います。そして、その後、この認識が子どもたちとかかわる際の私のベースになっていったように思います。

第2項　在日コリアンとのかかわり

◉新規採用教員としてW小学校へ

一カ月の臨時講師として出会ったV小学校三年生の子どもたちとの約束を果たし、その年の教員採用試験に合格しました。「教員の何気ないことばが子どもに与える影響力の大きさ」や「教員という仕事の責任の重さ」などを教えてもらったV小でした。残念ながらそのV小のある市ではなく、私が最初に赴任したのは隣接市のW小学校でした。

この学校は、当時、全校児童数の約一割が在日韓国人・在日朝鮮人（以下、在日コリアンまたは在日と略記）の子どもたちでした。しかし、「本名」で通学している者はごく一部の児童に限られ、ほとんどの子は「通称名（日本名）」を使用していました。W小学校では、こうした実態をふまえ、互いに人権を尊重し合える学校（学級）づくりをめざし、日々の実践を積み重ねていました。

校外学級での在職はわずか一〇カ月ほどでしたが、Sとの出会いをとおして、「子どもと本音で語り合うことの大事さ」を学びました。一方で、部落問題にほんの少しだけかかわり、これから本腰を入れるつもりだった矢先の採用は、非正規から抜け出せるうれしさの反面、後ろ髪を引かれるような、とても複雑な心境でした。しかし、W小には在日コリアンの子どもたちがいました。まずは、その子たちの思いや願いを受け止め、しっかりとつながっていこうと思うことで、校外学級への思いを断ち切ることにしました。と同時に、わずか一年足らずの教職経験ではありましたが、V小や校外学級での学びを生かし、W小の在日の子たちが教室で下を向くことなく、堂々と過ごせるようなクラスをつくりたいと強く思っていました。

◉「在日朝鮮人問題」という言い方について

W小学校の校内研究は、クラスで気になる子を中心にした「学級づくり」がテーマでした。学校に来にくい子、友だちとのトラブルが絶えない子、学力的にしんどい子など、担任として気になる子をクラスづくりの核に据え、その子らが生き生き過ごせるようなクラスをめざしていました。私も、先輩方の優れた実践を横目に、その姿を必死で追いかけました。

私が核に据えたのは、クラスに三、四人在籍していた在日コリアンの子たちでした。その三年目に、先輩の勧めもあり、前年度の自分の実践を研究リポートにまとめ、とある研究会で発表したことがありました。リポートの概要は後述しますが、在日の子たちがクラスで活躍する姿や保護者の思いなどを詳細に報告しました。「人権教育」という分科会でしたが、その討論の場で、傍聴に来られていた朝鮮初級学校の先生が、次のような発言をされました。

私は数年来、この研究会に参加しています。他の研究会で同様の名称の分科会にも参加していますが、そのほとんどは部落差別に関するリポートです。だから、こうして私たちの同胞の生き生きした姿をリポートしてくださることが、とにかくうれしいです。……(中略)……ただ、ことばにこだわるようですが、「在日朝鮮人問題」という言い方がありますよね。私、これ、どうかと思うのです。差別しているのは日本人ですよね。問題は日本人なのに、なんで「在日朝鮮人問題」と言うのでしょう。私たち朝鮮人が問題ですか? 私たちの同胞は私たちが教育します。日本の学校の先生方は、日本の子たちをしっかり教育してほしいのです。

このことばは、私の胸に突き刺さりました。なぜなら、私が発表したリポートは、日本の子どもたちに照準を合わせた実践ではなかったからです。W小に赴任して以来、私は常に在日コリアンの側に視点を合わせた(彼らを核とした)とりくみを進めていました。

◉リポートより

そのとりくみの実際を、リポートに登場するK（六年男子）とL（同女子）の姿を中心に少しだけ書きます。

道徳などの時間に、在日朝鮮人差別を取り上げた教材を学習する際、私は彼らを事前に別室に集め、教材を一緒に読みながら感想を出し合ったりしていました。「こんなん、絶対許されない！」と怒りを抑えきれないK、「ひどすぎるわ！」と涙ぐむL。私が、「そういう思い、授業のなかでも言えるかな？」と問うと、「おれは絶対に言う！　腹立つもん。黙っていられない！」とKは言います。しかし一方で、「私は無理。この部屋はみんな朝鮮人で同じような気持ちやと思うから素直に言えるけど、クラスではみんながどう思っているかわからんし、あまりきついこと言って嫌われるのもいややし」と複雑な思いを吐露するL。私は、「もちろん、無理しなくていいよ。でも、君らの発言が、みんなの気持ちを動かすきっかけにはなると思う……」などと、結局は暗に発言を促す言い方をしていました。

授業が始まると、別室では意気揚々と話していた彼らが、下を向いてしまいました。教材を読み終えて感想を出し合う場面で、日本人の子たちが、「これは差別だと思います。おかしいです」「私も同じです。こんな差別がなくなればいいと思います」「こんな差別がなくなるように、いまできることをがんばりたいです」……と、模範的な発言が続きました。

それを聞いていたKが、たまりかねたように立ち上がりました。そして、「おれは腹立つ！　同じ朝鮮人として、こんなこと絶対に許さん！　さっきから聞いていたら、差別がどうこうって、そんな簡単なことばで片づけないでほしい。腹立つ！」と言いながら着席し、顔を伏せて泣き出してしまいました。静まり返った教室。そこでLが立ち上がります。「私もKと同じ気持ちです。同じ朝鮮人として、絶対に許されません。この教材は昔の話みたいやけど、ほんまにこんなことがあったとは信じられません。私は友だちに自分が朝鮮人やって普通に話しているけど、そんなに嫌な思いをしたことはないかな。あ、ちょっとはあるか、低学年のころ。でな、ごめんな。みんなの発言を聞いていたら、どれもみんな、なんか他人事みたいに聞こえるの。だから、Kは黙っていられなかったと思う。私もそうやけど……」

長い沈黙が続きました。別室で話したあとの二人は、続けて発言することはできませんでした。しかし、KやLが発言するまでずっと下を向いていましたが、とくにLの発言を機に、二人とも顔を上げることができるようになりました。

このように、私の学級づくりの視点は、常に在日コリアンの側にありました。初級学校の先生が言われたような、「日本の子たちをしっかり教育してほしい」というような意識は、正直なところ、ほとんどなかったと思います。

一方、卒業生が小学校によく遊びに来てくれていたのですが、ある日、卒業したLたち在日の子がそろって来たことがありました。いろいろと思い出話をするなかで、どういう流れでその話題になったのかは忘れてしまいましたが、自分たちだけ別室で事前に人権学習をしていた話になりました。Lが、「私、あれ、あんまり好きじゃなかったわ。なんで私らだけ特別なん？　とか思っていた。休み時間は遊びたかった……」と口火を切りました。すると、「私もそう。めちゃ面倒くさかった」「そう。私も同じこと思っていた。でもな、ちょっとだけ違うのは、私はLみたいに教室では発言できなかったから、あそこでいっぱいしゃべって発散できていたと思う……」「そっか、たしかに、そういう面はあったかな」「いやぁ、でも、やっぱりみんなと同じように遊びたかったたな。休み時間は……」という話が続きました。

私は、「そっかぁ～、しんどかったんかぁ。ごめんな。そういう気持ちにはまったく気づかなかったわ。そういえば、いまも同じようなことしているから、今後は気を付けるようにするわ。ありがとうね。いろいろと本音で話してくれて」と、彼女たちにお礼を言いました。

それ以来、私は少し肩の力を抜いて、自分自身も含めた日本人を意識して学習を進めるようにしました。それは、人権学習の時間だけではなく、とくに六年生担任のときは、社会科の歴史学習を大事にするようにしました。次に取り上げる事例は、W小学校五年目の実践です。

◉児童会選挙におけるMの「朝鮮人宣言」

W小には五年間在職しましたが、その間、幸運にも六年生を三回担任させていただきました。三回目の六年生担任で出会ったのが、在日コリアンのM（女子）でした。小学校で始めた放課後の「勉強会」は、彼女が高校二年生まで続きました。その発足経緯およびその後の展開については後述しますが、Mが「朝鮮のことをもっと知りたい」と思い至るにはいくつかの伏線がありました。そのひとつが、児童会役員選挙の演説会での「朝鮮人宣言」でした。

「勉強会」が発足する一カ月ほど前の一〇月初旬、六年生のMは児童会の後期役員選挙に会長として立候補し、演説会で「朝鮮人宣言」をして当選しました。Mは、自分の意見や考えをしっかりともっており、必要に応じてそれを表明することができる子でした。しかし、それは作文のなかだとか、とくに指名をされたときなどに限られていて、ふだんはおとなしく、自発的に発言をすることは少なかったのです。まして、人の前に立つような役割を買って出るほどの積極性はありませんでした。

そのMが、クラスの代表委員やクラブ活動の部長などといった小集団の代表ではなく、児童会会長という全校生の代表として自ら名乗りを上げたのです。そして、演説会で自分が朝鮮人であることを表明しながら差別の根絶を訴え、当選を果たしました。会長になったあとも、Mは「靴隠し」などの日常の差別事象に目を向け、代表委員会での話し合いを経て児童朝礼で全校生に訴えるなど、演説会での主張を実現させるべく地道な努力を重ねていました。

このあたりの経緯、すなわち、Mが立候補を決意するにいたった外的状況やM自身の内的な変容、あるいは演説会当日の様子や当選後の活動などについては、M自身が作文に綴《つづ》っています。これは、Mが小学校の卒業を間近に控えたころに書いたものですが、Mの内的世界を探る貴重な資料であると思われますので、その全文をここに掲載します（ただし、人名や学校名などの固有名詞をイニシャルに書き換えるなど、部分的に若干の修正を加えています）。

タイトルは「くじけない」です。

私は今、W小学校で児童会の会長をしています。私が会長に立候補したのは、「きっと差別をなくそう」と思ったからでした。

演説会の二、三週間前でした。私のクラスで「朝鮮人は朝鮮に帰ったらいいのに。」という言葉が出てきました。私が直接言われたわけではありません。いろいろな差別の話をしている時に出てきた言葉でした。私は朝鮮人だから、その時とってもつらくて、つらくてたまらない思いでした。「こんな思いをしているのは、きっと私だけではない。」と思いました。だから、私は会長に立候補して、早くいろんな差別をなくそうと思うようになりました。

私が立候補をしたその夜に、先生から電話がありました。先生が「なんで立候補したんや。」と聞いたけど、私はその時には答えることができませんでした。それで、先生が「演説会でどんなことを言うか、考えて書いておいで。」と言いました。その時、私はこんなことを書きました。

「私が会長に立候補したMです。私がなぜ会長に立候補したかと言うと、みんながいつも元気に学校へ来て『楽しかった』『よかった』と言えるようにしてほしいからです。この学校に、一人ぼっちで席についていて、さみしそうな顔をしている人はいませんか？　だから、みんなで考えてほしいのです。そんな悲しい気持ちの人が、一人でもいないようになってほしいのです。つまり、この学校を楽しい学校にしたいのです。どうか、ひとりひとりの、元気な一票をよろしくお願いします。」

私は、これを書きながら「私は朝鮮人です」という言葉を入れようと思いました。でも、周りのみんなに演説会でどんなことを言われるか、こわくてしかたがありませんでした。だから、その言葉は使いませんでした。

そして次の日、それを先生に見せました。電話がかかっていたのは、私のところだけではありませんでした。副会長に立候補したYさんの家にも電話があったそうです。Yさんも演説文を考えてきていました。Yさんも朝鮮人です。私と同じような気持ちで立候補したみたいでした。

二人の演説文を読み終えて、先生が「一人ぼっちでさみしい思いをしたことがあるの？自分の体験や思いが入ってなかったらみんなにわかってもらえないよ。自分のことを入れてみたら？」と言いました。私はすぐに、きのうのことを思い出しました。

Ｙさんと二人で相談して「朝鮮人です」という言葉を使うことにしました。そして、二人で演説文を考え直しました。私が付け加えたのは次の文でした。


「三週間ほど前のことです。私のクラスで『朝鮮人やったら朝鮮に帰ったらいいのに。』という発言がありました。私は言った人を責めるのではなく、私はこの言葉が、この学校に二度と出ないようにしてほしいのです。私は朝鮮人です。その言葉で、私がどれほどいやな思いをしたかわかりますか。こんな私たちの気持ちをわかってほしいのです。」


Ｙさんも同じようなことを考えていました。私はＹさんと二人で言うから、初めはそんなに緊張していませんでした。でも、少しはドキドキしていました。

二週間後、Ｙさんが演説文の内容を変えることになりました。家の人と相談してそうなったようです。その時初めて、緊張がドッと私の心に入ってきました。とても不安になって、ドキドキがズキズキになりました。

演説会当日、私はこわさのあまり震えてしまいました。そして、始まる前から泣いてしまいました。あの時の緊張感は今でも覚えています。友達が「がんばり」とひとこと言ってくれたので、とてもうれしくて少し安心しました。

六年生の副会長の演説が終わりました。次が会長だと思うと、ドキッとしました。ものすごいスピードで時間がたっていったように思います。

いよいよ私の演説の番がきました。初めはゆっくり読んでいたけど「私は朝鮮人です」という言葉でつまって泣いてしまいました。私は最後まで一生懸命読みました。それは、Yさんがたった一人で「がんばれ！」と大きな声で応援してくれたからです。私は、泣いても、最後まで一生懸命やりました。だけど、四、五年生の子たちが笑っています。実際に、笑い声も聞こえてきました。後から友達に聞いたことですが、だれかが「いやー、あいつ、うそ泣きしているで。」とか、そういうことを言っていたそうです。

私は「あーもうダメだ！」と思いました。やるだけやったけど、私のクラス以外は、私たち朝鮮人の気持ちを受け止めてくれない……。でも、私がそんなことを考えていると、友達がはげましてくれました。うれしいやら悲しいやら、変な気分でした。

放課後、みんなが「受かったでー！」と言ってくれました。「うそー、うそや！」と思いつつ、すごくうれしかった。

この前、代表委員会で、四年生のあるクラスで起こった「くつ隠し」の問題を話し合いました。私は、二度と同じことが起こらないように願い、そのことを児童朝礼で全校生に呼びかけました。

私は今、差別をなくすためにひとつひとつがんばっています。今、差別にあっていやでしかたがない人は、くじけないで、あきらめないで、一生懸命に生きていってほしい。私も、今日を力いっぱい生きているから！

◉親の思いを受けて

この作文のなかで、Mと同じ朝鮮人であったY（女子）が「家の人と相談して」「演説文の内容を変えること」になったとありますが、この点について若干補足しておきます。

演説会を数日後に控え、私はYの家を訪れて母親とYと三人で話し合いました。その際、Yの母親は、Yに「あなたの気持ちはよくわかるよ。でも、お母さんは自分が朝鮮人であることを曝《さら》して得をしたことなんて一度もない。だからいまの仕事も日本名で通しているし、朝鮮人であることは隠している。悲しい話だけど、朝鮮人が日本で生きていくための厳しい現実がこれなのよ。あなたにはまだわからないかもしれないけど、お母さんはあなたが『朝鮮人です』と言うことで、その後、あなた自身がすごくしんどくなることが目に見えるようにわかるの。あなた、ほんとうに耐えられるの？　『Mさんがするから私もする』なんていう安易な気持ちではだめなのよ」と、涙ながらに話をされました。

Yは「私は私なりに一生懸命考えたのだから」と言うのが精いっぱいで、「絶対にやるから！」とは言えませんでした。Yの母親は、娘の気持ちを見透かしたように、「ほらね、お母さんにこうして言われただけで、ちょっと気持ちが揺らいでいるでしょ。それではだめなのよ。だから、やめなさい。そういう中途半端な気持ちでは、絶対に後悔するだけだから」と続けました。

結局、Yは母親の気持ちを受け止め、泣きながら「わかった」と言い、演説会での「朝鮮人宣言」の部分を削除することにしました。

私は、朝鮮人としての自覚に目覚めた娘の成長を喜ぶ一方で、それを曝すことによる娘のしんどさに思いを馳せるYの母親の姿に心を打たれ、ことばを失ってしまいました。辛うじてYに「お母さんの気持ち、大切にしよう。君のこと、だれよりも一生懸命考えてくれているのだから」と言うのがやっとでした。

一方、MにもYのような葛藤がなかったわけではありません。MもYと同じように、いや、むしろY以上に悩み苦しんでいました。

Yの母親との話のあと、私はMの家を訪れ、母親と三人で話し合いました。私が「朝鮮人宣言」をやめたYの事情を伝えると、Mはかなり動揺していました。また、母親に「あなた、ほんとうに言えるの？　そんなこと言ったところで良いことなんかより悪いことのほうが多いと思うよ。『あの子、この前、立候補した朝鮮の子や』って指さされることもあるのよ」と言われると、Mは黙り込んでしまいました。

その間、Mの母親は自分自身の生い立ちの一部を話してくださいました。「実は私、中学二年生までは日本の学校に通っていたのですけど、三年生になって民族学校に転校したのです。それは、差別から逃げるためのものでした。日本の学校でいっぱい嫌な思いをしていたので、朝鮮人ばかりがいる学校に行けばそういうものから逃れられると思ったのです。実際、民族学校に行ってからは、ほんとうにのびのびと毎日を過ごすことができました」と、自分自身の学生時代を振り返った母親は、二人の娘（Mの姉とM）を民族学校に入学させた当時の様子も重ねて語ってくださいました。さらに、母親は「私が二人の娘を民族学校に入学させたのは、自分自身の学生時代に日本の学校での良い思い出がひとつもなかったからです。だから、娘たちを日本の学校に入れることには強い抵抗がありました。私と同じようにつらい思いをさせたくないという一心でした。それで、上の娘を民族学校に入れたのですが、ほんとうにこれでいいのだろうか、これからずっと日本で生きていくのに、ほんとうにこのままでいいのか、やっぱり日本の学校に転校させようかと、毎年毎年悩みつづけました。そして、ようやく決心がついたのはMが二年生に上がる春のことでした」と続けました。

このような話をしたあと、母親は、「MがW小学校に転校してからというもの、私は毎日が心配でたまりませんでした。でも、少しばかり嫌なこともあったようですが、私が経験したような露骨な差別を受けることもなく、毎日を楽しそうに過ごしている娘たちの姿を見ながら、ホッとしていました。それなのに、どうしていまになって、『朝鮮人です』なんて自分から宣言して、差別に曝されるようなことをするのでしょうね。『差別をなくしたい』って思っているようですけど、そんな甘いものじゃありませんよね」と語られました。

私の心のなかには「たしかにそんな甘いものではない。でも、いま、Mが真剣に悩んだ末に出した答えであるのだから、その気持ちを大切にしてあげたい」という思いがありましたが、口に出すことはできませんでした。

母親は、「でも、本気でそんなことを考えているのだったら、私がそれをやめさせることはできないと思うのです。最終的には本人が決めることですから。もちろん、不安はいっぱいありますけど……」とことばを詰まらせました。

母親の話を黙って聞いていたMに、私が「どうする？　お母さんの気持ち、よくわかったよね。最終的にはM自身が決めることだよ」と発言を待ちました。しばらくの沈黙ののち、Mは意を決したように、「がんばる。こんな嫌な思いをしているのは私だけと違うと思う。この学校で、そんな思いをしている子はほかにもいっぱいいると思う。だから私ががんばる」と涙をこらえながら必死に言い切りました。

母親の目には涙が光っていました。私も、込み上げてくるものを抑えることができませんでした。その横で、Mが「私、がんばるから」と、ぽつりと繰り返しました。

◉「勉強会」の発足経緯

以上のような「朝鮮人宣言」をひとつの伏線としながら、Mが高校生まで通うことになる「勉強会」が発足しました。その直接的契機は、Mの「朝鮮のことをもっと勉強したい」ということばでした。

私は、W小学校の六年生担任として、在日朝鮮人に対する差別の現実や歴史的背景などについて、主に道徳や社会科の時間を中心としながら授業のなかで取り上げていました。しかし、細かい点にまで言及していると、時間が足りなくなってしまい、中途半端に終わることもありました。それゆえに、「もう少し詳しく朝鮮のことを取り上げたい。しかし、正規の授業も進めなければならない」といったジレンマを常々感じていました。

Mが「先生、私、朝鮮のことをもっと勉強したい」と言いに来たのは、児童会選挙が終わって一カ月ほど経《た》った一一月の中ごろのことでした。私が理由を尋ねると、Mは「だって、朝鮮人ってすごいでしょ。秀吉が朝鮮侵略で朝鮮人に対してひどいことをしたのに、江戸時代になるとそれを許して朝鮮通信使として日本に来たでしょ。私は、朝鮮人のそういうすごいところをもっと勉強したい」と答えました。私は「先生も、授業だけだったら中途半端だなと思っていたよ。Mも同じように思っていたみたいだね。よし、それじゃあ二人で一緒に勉強しようか」とMの提案を受け入れました。

私がこの件を校長先生に話すと、校長先生は校長室の使用を快く認めてくださいました。実施時間に関しても、Mが所属していた少女バレーの練習が終わってからということで夕方の五時から七時ごろに予定していましたが、校長先生はこの点も了解してくださいました。ただ、「保護者の承諾を事前に得ておく」「帰りが遅いので必ず引率して帰る」という二点に関して、校長先生は私に念を押しました。私は「保護者の承諾」はすでに得ていたので、「引率して帰る」という点を確約しました。

こうして、放課後の二人の「勉強会」が始まりました。月水金の週三回、内容は朝鮮の歴史や在日朝鮮人差別に関する諸問題でした。クラスの子どもたちにはとくに呼びかけることはせず、「もしも尋ねられたら答えることにしよう」と二人で話し合っていました。

◉「勉強会」に対する友だちの反応

「勉強会」の発足から二週間ほど経ったころ、授業中に一人の子が「そうや、前から聞こうと思っていたけど」と前置きをして、「先生、放課後に校長室でMさんと何やっているの？」と尋ねてきました。Mは、それまでにもバレー部の友だちなどに同様の質問を受けていたということでした。その際、Mは「朝鮮のことを勉強している」と答えていたそうです。

私は、その子の質問に答えて、「一一月の中ごろに、Mさんが『朝鮮のことをもっと勉強したい』と言ってきて、いま、一緒に勉強しているよ」と話しました。すると、別の子が「私たちも行ってもいいの？」と尋ねてきました。私は「もちろん構わないよ。『勉強したい』っていう子が来てくれたらうれしいよね」とMに相槌《あいづち》を求めました。Mも「はい。もちろんです」とうれしそうに答えました。「いつ？　何時からやっているの？」との質問も出てきたので、「月水金の週三回、時間は五時から七時ごろまでだよ」と答えました。

すると、子どもたちからは「塾の時間やわ」「週三回はきついなあ」といった声が出てきました。私は「もちろん強制ではないし、ほんとうに『やりたい』っていう気持ちがなかったら続かないと思うから、無理しないでいいよ。朝鮮のことは授業とかでもけっこう取り上げているし、そこでしっかり考えてくれたらいいから」と答えました。

教室でこの話をしてから一週間ほど経ったとき、Tが一人で「勉強会」にやってきました。私が担任していたクラスには、Mを含めて四人の在日朝鮮人がいましたが、Tはそのうちの一人ではなく日本人でした。Mはそのことを非常に喜びました。そして「一緒に勉強しよう」と、満面の笑みでTを迎え入れました。私も「在日朝鮮人を差別しているのは日本人だからね。この勉強会、ほんとうは日本の子に来てほしいと思っていたよ」と、Tの参加を心からうれしく思いました。

その後、Mと一緒に児童会選挙に立候補したYも、日本人の友だちと二人で参加するようになりました。そして、一人、二人と参加者が増え、最終的には七人の子どもたちが集まるようになっていました。

◉中学生時代の「勉強会」

「勉強会」への参加人数も増え、内容的にも充実してきたころに、Mたちが小学校を卒業することになりました。子どもたちは「卒業しても続けたい」と言っていましたが、私の転勤が決まっていたため、W小学校での継続はできなくなりました。

しかしその後、「週一回だけでもいいから、勉強会を続けたい」とMたちから私に電話がありました。私は「具体的な実施方法を相談するために、一度みんなで集まろうか」と提案し、話し合いの機会を設定しました。

その結果、場所はW小学校の校区内にある公営の共同利用施設を使用することにし、日時については毎週土曜日の夕方ということが決まりました。こうして、週に一度の「勉強会」が再開される運びとなりました。メンバーは、小学校のときの七人でした。

Mが中学生になってからの「勉強会」の内容は、在日朝鮮人問題に限らず、障がい者差別や部落差別、平和、いじめなど、多岐にわたるようになっていきました。とりわけ、身近な出来事が話題にのぼることが多くなりました。たとえば、「このあいだ、友だちから『解放学級に行っている』って言われたけど、それ何?」「うちのクラスにほとんど学校に来ない子がいるのだけど、それって登校拒否って言うよね?」など、子どもたちの体験談を中心に話が展開されるようになっていました。

こうした話題をとおして、Mは活発に意見を述べ、ほかの子どもたちもそれぞれ自分の考えを出し合いました。どちらかといえば受け身的であった小学校時代の「勉強会」と違い、子どもたちは主体的に参加するようになっていました。ときには議論が白熱して口論のようになってしまうこともありましたが、私もMたちも真剣にそれぞれの思いを語り合いました。

このとき、私は子どもたちに「学校のなかには、こういう話ができるような場所はないの?」と聞いてみました。すると、子どもたちは、口をそろえて「ぜんぜんない」と言っていました。私は「話ができそうな先生が一人ぐらいはいるでしょ」と尋ねましたが、子どもたちの答えは

「ノー」でした。私は、「それは、君たちが話をしたことがないだけで、話してみるとちゃんと聞いてくれる先生が絶対にいるよ」と言いましたが、「だって中学校の先生は規則ばかりでうるさいし、怒ってばっかり。相談室っていう先生に叱られる部屋はあるけど」との答えが返ってきました。

このように、さまざまな話題が出され、ときには、定期テスト前ということで、みんなで一緒にテスト勉強をするということも何度かありました。

こうして、中学校時代も続いていた「勉強会」でしたが、高校受験を控えて子どもたちも忙しくなってきた三年生の夏休み前、一時中断しました。しかしそれは、「高校への入学が決まり、落ち着いたころに再開しよう」という約束のもとでの中断でした。

◉高校入学後の「勉強会」とMの変化

高校に入ってしばらく経ったころ、約束どおり「勉強会」は再開されました。しかし、現実的な諸制約から、週に一度の実施は困難となり、月に二回というペースになりました。

そうした状況のなかで、ほとんど休むことのなかったのはMとTの二人でした。Tというのは、小学校のときに最初に校長室のドアを叩《たた》いた日本人の子です。二人はそれぞれ別々の高校に、ともに電車を利用して通学していました。Mと同じ在日朝鮮人であったYをはじめ、残りのメンバーは地元の高校へ進学しましたが、部活動やアルバイトなどのため、ほとんど姿を見せなくなっていきました。

そして、そのMも「勉強会」を時々休むようになりました。Tが心配して家に電話をすると、「あ、忘れていた」と言って慌てて飛んでくるということもあったのですが、不在であることのほうが多かったのです。Tが後日、電話を入れると、Mは「ごめん、すっかり忘れてバイト入れていたから。今度は絶対行くから」などと言っていたそうです。

Mが何回か続けて姿を見せなかったころ、私もMの自宅に電話を入れてみました。Mは不在でしたが、母親が「先生、最近あの子、学校に行ってないのです。私が聞いても何も話してくれないのです。先生、何かご存じですか?」と、かなり深刻に話をされました。私は「いえ、いま初めて知りました。最近『勉強会』にも姿を見せませんし、どうしているのかなと思っていたのです。Mさんが帰ってきたら、一度、私に電話をするように伝えてください」と言って電話を切りました。

しばらくしてMから電話が入りました。Mが「先生、ごめんなさい」と謝るので、「何が?」と返すと、「だって、最近、ぜんぜん勉強会に行ってないから」と答えました。私は「そのことを気にしていたのか。でも、あの会は『来たいと思った人が、来たいと思ったときに来られるようにしようね』って、いつかみんなで話していたよね。だから、だれかが休んでもだれも何も言わなかったし、責められることもなかったよね。そういう自由な会だったよ、あの『勉強会』は」と話しました。

しかしMは、「でも、もともとは私が『始めよう』って言ってスタートした会なのに」と、かなり気にしている様子でした。私は「来たくないときだってあるよ。先生だって何度か行けなくて、君たちだけに任せたこともあるじゃない。たしかに出張があって行けないという正当な理由があることが多かったけど、『行きたくないなあ』って思って休んだこともあるよ。いまだから正直に言うけど。だから、Mさんも、また来たくなったら来てよ。それでいいよ。あの会は」と言いました。Mは「わかりました。ちょっとホッとしました。今度は行けそうな気がします。いや、絶対に行きます」と明るい声で電話を切りました。

この電話のあと、Mは久しぶりに「勉強会」に姿を見せました。私が「久しぶりだね。元気？」と言うと、Mは「はい、なんとか」と答えましたが、それっきり口を閉ざしてしまいました。その日も参加していたTが、いろいろと気を遣ってMのアルバイトの様子を尋ねるなど、何とかMを話題に引き寄せようとしてくれました。しかし、Mはことば少なく簡単に答えるだけで、話に乗ってきませんでした。

◉朝鮮人であることを隠しつづけていたM

しばらくそういう状況が続いたあと、Mが突然、「先生！」と何かを話しはじめようと重い口を開きました。私が「ん？　どうした？」と答えると、Mが「私、最近学校に行ってないのです」と切り出しました。私は「ああ、そうだったみたいだね。このあいだ家に電話をしたとき、お母さんから聞いたよ」と答えました。するとMが「先生、知っていたのですか。お母さん、何か言っていましたか？」と尋ねてきたので、私は「いや、とくに何も聞いてないよ。ただ、最近休んでいるっていうことだけだよ」と返しました。Mは「そうですか」と言ったあと、しばらく沈黙していました。

そして、思い切ったように顔を上げ、「実はね、先生」と通学途上の出来事を詳細に語りはじめました。その内容を要約すると、次のようなものでした。

通学途上、Mは友人五、六人と一緒に電車に乗っていた。すると、前の車両から朝鮮高級学校（以下「朝高」と略記する）の女子生徒たちが二、三人で歩いてきた。制服のスタイルでわかるので、ある友だちが「ねえ、あれ、朝高だよ。怖いからあっちに行こう」と言い出した。別の友だちも「ほんと、かかわらないほうがいいから、向こうの車両に移ろうよ」と言った。

そして、「行こう、行こう」ということになり、みんなが移動しはじめた。Mが呆然《ぼうぜん》として立ちすくんでいると、「あんたも早くおいで」と言われた。Mは何かを言おうと思ったが、ことばにならず、結局、友だちの言動に従った。

その後、友だちが輪になって朝高の悪口を言っていた。Mは黙って聞いていたが、いたたまれなくなって、自分が降りる二つほど手前の駅で「ちょっと用事があるから」と言って先に降りた。

駅のホームに降りたとたん、Mは溢《あふ》れ出る涙を抑えることができなかった。

Mは、涙をこらえながら途切れ途切れに話しました。Tは「なによ、その友だち！」と怒りをあらわにしながら聞いていましたが、次第にMと一緒に泣き出してしまいました。

一通り話を聞き終えたあと、私は「駅のホームで流した涙っていうのは、どういう涙だったのかなあ？」と尋ねてみました。Mは「悔しすぎて、その涙だったと思う」と振り返りました。「何が悔しかったのかな？」との問いには「自分自身に対して」という答えが返ってきました。私が「自分に対してか。そうだよね。小学校の児童会選挙のことなんかを振り返ると、余計に悔しかったのかもね」と言うと、Mは声を出して泣きはじめました。Tも一緒に泣いていました。

最後にMは、「先生、やっぱり今日ここに来てよかった。話をしてよかった。泣いてすっきりしたよ。Tさん、ありがとう。一緒に泣いてくれて。私、いままでこのことはだれにも話せなかった。自分が朝鮮人だということも、高校の友だちには一人も話していない。だから、毎日が苦痛で。もし、また電車のなかで同じようなことがあったらと思うと、学校に行くのが嫌になった。友だちは心配して電話をかけてきてくれたりするけど、適当にごまかしてばっかりで。なんか、そういう自分がたまらなく嫌になった。だから、ここに来ても話ができないような気がして、来るのが面倒になったのです。だから最近、続けて休んでしまいました。でも、私、やっぱりここに来ます。ここに来るとホッとするもん。今日、久しぶりに来てみて、ほんとによかった」と笑顔で言いました。

私は、「よかったね」と返したあと、「ところで、学校には相談室みたいなのはないの?」と尋ねてみました。Mは「一応あるけど、いつも先生がいるわけではないから」と答えました。そして、「私、ここがあるからいいわ」と付け加えました。

その後、Mは「勉強会」に休まずに来るようになりました。そして、休みがちだった学校へも、少しずつ行くようになっていきました。

そのころ、「勉強会」の内容は、ほとんど「勉強」ではなくなっていましたが、Mはそこに来ては、学校での出来事や友だち関係のことなどを詳細に語り、ときには愚痴をこぼして帰っていくようになりました。

そして、高校二年生になって、学校のなかでも次第に自分を出せるようになってきたMは、同級生の一人に「私、朝鮮人なの」と話すことができたそうです。友人の反応は「そうだったの。でも、私、そんなことぜんぜん気にしないよ」というものであり、Mにとって若干物足りないものであったらしいのですが、Mは「友だちがどう言ったかということより、話ができたこと自体がうれしい」と語っていました。

その後、Mは友だちとの約束やアルバイトなどで忙しくなり、Tのほうも大学進学を控えて多忙な毎日を過ごすようになって、「勉強会」に姿を見せることが減ってきました。二人の不参加が数回続いた際、私のほうから連絡をとって二人の意向を確かめたところ、Mは「友だちとの遊びやバイトが忙しくて、なかなか行けません」と言い、Tも「そろそろ受験勉強もしないと」と、「勉強会」への参加を積極的には要求してきませんでした。そこで私は、「また、必要になったらいつでも連絡してください」と伝えて、「勉強会」の中断を決めました。

第2節　支援に関するシフトチェンジ

第1項　差別に向き合う子どもたち

大学を卒業した春、初めて勤めたV小学校。そこでは、教員が発することばの重さ、その職責の重大さを知りました。その思いを胸に勤務した校外学級では、自分のことばに細心の注意を払いながら子どもたちと接してきました。なかでも、Sとの出会いをとおして、部落差別の現実を目の当たりにするとともに、本音で語り合うことの大切さを再確認しました。また、在日コリアンが多く在籍するW小学校での五年間は、その後の教職生活のベースとなる大切な多くの学びがありました。とりわけ、「在日朝鮮人問題は日本人の問題。日本の先生方は日本の子たちをしっかりと教育してほしい」ということばを忘れることができません。

このように、わずか六年足らずの教職経験ではありましたが、そのなかで私が大事にしてきたのは、地区出身のSであり、在日コリアンのKやL、Mたち、すなわち、目の前の差別の現実に当事者として向き合っている子どもたちでした。こうした当事者とのつながりなくして、その後の実践はありえないとさえ思っていました。

第2項　当事者から周囲へ

しかし、当事者とのつながりを意識するあまり、彼らを精神的に追い詰めてしまっていたことに気づくことなく過ごしていた点は、すでに述べたとおりです。それに気づかせてくれたLたちと同じような思いをさせてはいけないと思い、その後、Mたちを担任したときには、少しは肩の力が抜けていたと思います。具体的には、日本の子たちを意識した実践を展開できるようになったと少しだけ思います。もちろん、課題はまだまだ山積していましたが……。

こうして振り返ってみると、私の支援に関する視点が、「当事者から周囲の子たち」へとシフトチェンジしていきました。そして、次章から詳述する「関係支援」という実践は、こうしたシフトチェンジの延長線上に必然的に紡ぎ出されたものであると考えています。

第3項　「関係支援」を研究テーマに

W小学校のあと、別の小学校に異動しました。ここでは、前述したような部落問題や在日朝鮮人問題に直接的にかかわる機会はありませんでした。もちろん、人権学習としてとりくんではいましたが、当時、直接的なかかわりが増えてきたのは障がいのある子たちでした。具体的には、特別支援学級に在籍する子を通常学級で担任することが多くなりました。というか、私が在籍した六年間、毎年、特別支援学級籍の児童がいる交流学級を担任していました。

一方、土日や長期休業中の障がい児の日々のくらしを考えようと、市内の有志の教員や保護者が集まり、「生活と教育を考える会」（以下「考える会」）というのをつくって活動をされていました。私も、当時担任をしていた子の保護者や同僚の先輩に誘われ、少しずつその活動に参加するようになりました。そこで、他校の障がいのある子たちと休日にサイクリングや銭湯を楽しみ、夏休みにはキャンプに行ったりしていました。また、中学卒業後の進路保障問題にかかわる機会も増えていきました。

この間、私は過去の反省のうえに立ち、校内では障がいのある子とクラスの子たちとをいかにして〝つなぐ〟かに専心していました。とくに、周囲の子たちのかかわりに重点を置き、障がいのある当事者が過ごしやすい環境づくりについて、日々考えていました。と同時に、校外では、「考える会」の活動をとおして「共に生きる意味」を考えつづけていました。ただ、自分自身が息切れして病気休暇に入ってしまったこともあり、この活動から次第に足が遠のいてしまいました。そのときの悔しさと情けなさが、いまの原動力になっているように思えます。

その後、市立の肢体不自由養護学校（現・特別支援学校）に異動し、九年間在職しました。その二、三年目に二年間休職して大学院に進み、臨床心理学を学びました。最後の四年間は、支援学校内に相談室を新設し、校内外の教育相談に応じていました。その間に臨床心理士の資格も取得し、子どもたちの心理的側面からのサポートを、それまで以上に大事にするようになりました。この間の巡回支援などの概要は後述しますが、「関係支援」という着想が生まれたのは、そうした経緯のなかでした。そして、「関係支援」を自分自身の今後の研究テーマにしようと思いはじめたのも、ちょうどそのころのことでした。

次章では、関係支援の具体的展開について詳述することにします。

第2章　「関係支援」の具体的展開

第1節　問題と目的

第1項　問題の所在は？

◉他者意識の希薄さ

特別支援学校からX小学校に異動し、久々に学級担任として四年生をもったときのことです。四月当初、子どもたちの自己中心的というか、あまりにもまわりが見えていないと思われる言動がとても気になっていました。九（一〇）歳という年齢を考えると、ある程度やむをえないとは思われましたが、目に余るような場面が何度かありました。

たとえば、算数の授業中、ハサミを忘れて作業が進んでいない子がいます。私は、「忘れたら早く言いに来なさい！」と、忘れた子を注意します。しかし、ふと横を見ると、隣の子が作業を終えてハサミをサッサと片づけていました。私は、「自分が終わったら片づけるのは当たり前だし、それでいい。でもね、ちょっと隣を見てごらん。ハサミ、忘れているよね。ちょっと貸してあげてもいいかな？」と言いました。すると、その子は驚いたように、「ぜんぜん知らなかった。ごめん。はい」と言って隣の子にハサミを渡しました。

忘れ物を減らす（なくす）指導のあり方としては、こういう対応は一考を要するでしょう。横から手を差し伸べるというようなことが、結果として本人の自立心や主体性の育成を阻むことになるかもしれないからです。しかし、問題はそこではありません。

こんなこともありました。給食当番の配膳中のこと。欠席者の机上にある給食を見て、当番のひとりが「あれ？　今日、○○さん、休みと違うの？」と同じ班の子にききました。すると、「今日、○○って休み？」「知らん」「休みだよ！　熱で休むって朝の会で先生が言っていた」「聞いてない」といった会話がなされます。教室で四時間を過ごしたあとです。唖然《あぜん》とします。

以来私は、朝の会での「欠席調べ」を大切にするようにしました。日直が、「欠席調べをします」と言うと、各班の班長が立ち、「三班、全員そろっています」とか「○○さんが熱で休みです」などと報告します。そのためには、班長は、朝の会が始まるまでに班のメンバーがそろっているかを見ておく必要があるし、いなければ理由を担任にきいておかなければなりません。私は、それをききに来た班長に、連絡帳や電話で知りえた情報を伝えます。一分も要しない朝の会の「欠席調べ」ですが、子どもたちは静かに聞くようになりました。なぜなら、朝の会の最後のメニュー、「先生からの連絡」で、私が突然だれかを指名して、「今日、○○さん、どうして休み?」と尋ねたりしていたからです。

こうした日々の積み重ねを大切にしてきましたが、周囲が見えていないと思われる事例はたくさんありました。端的にいえば、「自分のことに精いっぱいで他者に思いを馳《は》せる余裕などない」というところでしょうか。これが、昨今の子どもたちに共通して見られる問題点、〝他者意識の希薄さ〟です。

◉個別支援の限界

私が養護学校(現・特別支援学校)に勤務していたころ(一九九六年~二〇一四年)、「特別支援教育における地域のセンター的役割」(文科省 2003)の一環として、私たち六人のセンター部門の教員が、地域の小中学校などへの巡回支援を実施していました。その際、ある小学校で対象児への個別支援を続けていると、その学校から「他のクラスにも支援が必要な子がいるから毎日でも来てほしい」といった要望が出されるようになり、次第に、同様のニーズが他校からも寄せられるようになりました。

しかし、限られた人員のなかで、それらすべての要望に応えることは不可能です。それゆえ、私が校内のセンター部会などで繰り返し訴えていたのは、「べったり付いて支援をするヘルパー的な派遣はやめよう。それではセンター部門に人が何人いても足りない。週一度の巡回でも、それを有効に使える方策を考えよう。たとえば、友だち関係をじっくり観察して、対象児への支援の仕方をまわりの子に伝えるような間接的な支援とか」ということでした。しかし、「個別支援のニーズが高い」という理由で、共通理解を得ることができませんでした。

その後、小学校に異動した私は、通常学級の担任をしながら、学び合い育ち合う「仲間づくり」をテーマに実践を重ね、特別支援教育における「関係支援」という視点に関するエビデンスの蓄積に専心していました。一方で、特別支援教育支援員の先生方と「関係支援」について話し合ったりしていました。

そうしたとりくみのなかで、また同じ問題に直面することになります。ある学級担任が支援員の先生に、「先生が教室に来て教えてくれると、◯◯さん、すごくがんばるの。だから、できるだけ多くの時間、入ってくれるとうれしいのだけど」と話す一方で、コーディネーターの先生にそう要望したのです。

しかし、そういう入り方を続ければ、支援員が何人いても足りないことは明白です。一〇年前と同じ問題が、ここでも繰り返されていたのです。

このように、「個別支援」には、物理的、人的な限界があるということです。これが、本研究における二点目の問題意識です。

第2項　実践研究のために

◉研究目的

発達障がいをはじめ、さまざまな障がいがある子どもたちに焦点をあて、その個別発達を視野に入れながら、周囲の者の意識改革を含めた関係調整に力点を置く本研究は、彼らが、そして、周囲の者たちが日々心地よく過ごせる学級（学校、ひいては社会）を構築することを目的としています。

これは、特殊教育から特別支援教育へと移行する際、その理論的背景にあったインクルージョン（inclusion）という考え方と重なります。インクルージョンは「包括」とか「すべて含むもの」などと訳され、exclusion（排除）の対義語です。要するに、インクルージョンは「排除」の対極にある概念です。すなわちそれは、〝さまざまな立場の人が排除されることなく共存する社会〟をめざしています。障がいがあろうとなかろうと、高齢者も外国籍の人たちも、とにかく〝いろんな人がいて当たり前〟という考え方です。いま、求められているのは、こうしたインクルーシブな社会だと思います。赤坂(1995)は、一九七九年の養護学校義務化に関して、「新聞の社会面にいじめをめぐる記事が載りはじめたのが一九七八・九年であることは、たんなる偶然なのだろうか」としたうえで、「学校はいま、あきらかな差異を背負った子供を排除することによって、かぎりなく閉ざされた均質的時空を形成している」と指摘しています。これは、マイノリティを排除しがちな日本社会の現況を鋭く指摘したものとして傾聴に値すると思われます。

以上のことから、仲間同士をつなぐ「関係支援」という視点を重視した実践を重ねることで、子どもたちの〝他者意識〟は必然的に高められることが予測されます。そして、子どもたちが、中学校、高等学校、大学など、先の学校へ行ったとき、あるいは、社会に出たとき、「ちょっと変わったやつ」を排除することなく、「教室（あるいは社会）には、いろんな人がいて当たり前なのだ」というインクルーシブな意識をもつことが期待されます。

ここに、本研究の究極の目的があるのです。

◉研究方法

事例研究法を中核に据えた論考としました。事例の対象は、私が何らかの立場で直接かかわってきた子どもたちです。

第2節　事例をとおして

第1項　「全員リレー」の劇的逆転優勝とA

◉事例の概要

W小学校に赴任して四年目の運動会。学級対抗リレーに関するエピソードです。リレーというのは、本来、数人の選抜メンバーで構成されたチームが互いに競い合うものですが、小学校では、いわゆる全員リレーにとりくんでいる学校も多いのです。ただ、全員参加という点は同じですが、クラスを数チームに分けるなど、その形態はさまざまです。本事例で提示するのは、「クラス全員が一チームで一本のバトンをつなぐ」というスタイルの全員リレーです。

六年一組には、そのときの気分によってどこに走っていくかわからず、座り込んでしまって動き出すかどうかさえわからない自閉症のAがいました。私は三組の担任でした。合同体育で何度かリレーの練習をしました。何度やっても一組は他のクラスに半周以上離されての最下位でした。ところが、一組の子どもたちは、「半周や一周の差は、走れば四〇秒ほどのもの。走るスピードは急に上げることはむずかしいけど、バトンパスで一人一秒縮めたら、四〇人で四〇秒速くなる。

それで、Ａの遅れを取り戻す！」と目を輝かせて言い、毎日練習を重ねていました。

そして、本番。保護者はわが子が走る順番の前後しか見ていません。しかし、第二走者のＡが走ったあとに半周以上離れていた一組が、ジワジワと追いついてくる様子に会場の視線が集まりはじめました。そして、アンカーがバトンをもらうころには、五、六メートルほどしか差がありませんでした。しかし、一位を走る三組のアンカーは五〇メートルを六秒台で走る俊足でした。一組のアンカーも速かったのですが、分が悪かったのです。ところがどうしたことか、会場のほとんどが一組の応援にまわり、大声援が送られました。そして奇跡は起こったのです。劇的な逆転優勝でした。

私は毎年、運動会前の九月、担任しているクラスでこの話をします。何度話しても、いつもグッと込み上げてくるものがあります。ドラマ以上にドラマチックだったあの光景は、三〇年ほど経《た》ったいまでも、決して色褪《いろあ》せることはありません。そしてこれは、いま「関係支援」をテーマにしている私の原体験でもあります。

◉考察

この劇的な場面を目の当たりにして以来、私は、こういうクラスをつくりたいと思うようになりました。もちろん、クラスの中心になるのは彼らだけではありません。Ａは特別支援学級在籍でしたが、その在籍の有無は別として、教室のなかには、さまざまな配慮や支援が必要な子どもたちがたくさんいます。ある意味では、クラス全員の子たちが、それぞれ個に応じた配慮や支援を必要としているといえます。

しかし、子どもというのは、お互いに学び合って育ち合うという側面がきわめて大きいものです。それぞれに個別支援をしなくても、大方の子たちは、他者を見て学んでいるのです。育ち合っているのです。とても乱暴な言い方ですが、放っておいても、いつの間にか子どもたちは育っているのです。いや、むしろ、口や手を出しすぎるより、放っておいたほうがいいことのほうが多いかもしれません。「手を放しても目を離さない」という距離感が、〝ほどよい〟のでしょう。実際、一組担任は、あれこれ口出しをせず、子どもたちの練習を見守っていました。

小林(2010)は、自閉症児と養育者との関係性に着目した実践的研究を進め、その支援のありようを「関係発達支援」と称しています。Aとまわりの子どもたちとの関係は、クラス一丸となってとりくんだリレー練習とその結果をとおして、明らかに深まっています。それを見守り、ときに励ましてきた学級担任の支援は、まさに「関係発達支援」といえるのではないでしょうか。

私がAの事例をとおして学んだことは、「学び合い育ち合う仲間」という学級づくりの指針でした。

第2項　「居住地交流」で見せるBの笑顔

私が養護学校（現・特別支援学校）に勤務していたころの話です。養護学校では、「交流教育」として在籍児童生徒の校区の学校に行くことがあります。

Ｂは音声言語による会話はなく、常時、車いすを使用している脳性まひの生徒でした。Ｂは地域の小学校の養護学級（現・特別支援学級）で六年間を過ごし、中学部から養護学校に入学してきました。

◉事例の概要

交流にはいろいろなパターンがありましたが、一日交流の日には、朝、私がＢの自宅へ行き、一緒に登校します。小学校でのつながりがあるため、その途上で多くの生徒が声をかけてくれます。学校に着いてからも、当時はまだエレベーターがなかったので、数人の男子が階段を担いでくれて階上の教室に連れていってくれたりもしました。Ｂとは別の小学校だった生徒も時々手伝ってくれました。

Ｂは教科学習がまったく理解できないので、ただじっと座っているだけでした。しかし、まわりの様子を敏感に察知しているかのようで、みんなが笑ったりすると一緒に笑うこともありました。

休み時間になると、小学校時代の友だちが「久しぶりやなあ、B！」と気軽に声をかけてくれます。Bは、「あ～」とか「う～」という声と満面の笑顔で応えていました。しかし、初めてBと出会う別の小学校だった生徒は、私にいろいろと質問をしてきました。私は、「Bに直接きいてみて」などと返していましたが、それ以来、少し離れて座るようにしてみました。

ある日の授業中、Bはあたりを見回し、「あ～あ～」と声を上げていました。後方の私を探していたのか、友だちとのかかわりを求めていたのかはわかりません。あれこれ考えながらBの様子を見守っていると、隣に座っている生徒が、「おいB、静かに！　し～っ！」と指を口に当て、小声でBに声をかけてくれました。Bはニコッと笑い、声を上げなくなりました。

休み時間、私は「ねえきみ、さっきBに声をかけてくれていたね。あれでBは静かになったよな。ちゃんとわかっているね、友だちの言うこと」などと、その生徒をほめたりしました。そういう支援を続けていると、次第にBのまわりに人が集まるようになり、主体的にBとかかわりをもつようになってきました。

たとえば、Bと一緒に階段を数人で上がっていると、まわりの生徒たちが「帰るときはオレが持つわ」と言ってくれたり、しゃべりながら歩いている子たちが「すみません！」と車いすが通れる道を空けてくれたりしました。しかし、残念ながら、翌年にエレベーターができたので、こうした校内でのやりとりはなくなってしまいました。狭い空間に二人で乗りながら、私はBに

「これじゃアカンな。だれとも出会えないし」と、寂しく話しかけました。
以上のような交流は、体育大会や合唱コンクールなどの行事が中心でしたが、ごく普通の授業に参加することもありました。それぞれの場面で見られるBの笑顔は、養護学校では見ることができないような満面の笑みでした。

◉考察

Bの交流をとおして明らかになったことは、支援者の物理的距離が近すぎると友だち同士の関係がつくりにくいという事実でした。Aの考察でもふれましたが、〝手を放しても目を離さない〟という距離感が効果的なようです。そして私は、支援者の役割は、「友だち同士をつなぐ」ことではないかと少し意識するようになっていきました。

しかし私は、なかなかそのスタンスを取ることができないでいました。頭ではわかっているつもりでも、じっくりと子どもたちを見守ることをせず、指導という名のもとにあれこれ口出しをしてしまうことが多かったのです。いまでもそういう面は多々あります。

鯨岡(2011)は、「子どもを育てる立場の多くの人は、『育てる』ということの根本を見失って、ひたすら何かを教えて力をつけることが育てることだと錯覚してしまっているように見えます」としたうえで、「その結果、子ども自身がこの世界を生きる主人公であるという、主体としての育ちに、次第にゆがみが生まれてきているように見えるのです」と指摘しています。自らの実践を振り返ると、自戒させられることしきりです。しかし一方で、学びの主体者である〝子ども同士をつなぐこと〟に力点を置いた本研究に対して、理論的裏づけをしてもらえたように思えました。

一方、エレベーターができたことは、だれかの助けを求めることなくいつでも階上の教室へ行けるということで便利にはなりました。しかし、それまでのように一緒に階段を上がってくれる友だちを探す必要がなくなったため、かかわりの回数は激減しました。これは、「便利になることで失われるものがある」ということを思い知らされる出来事でした。

そういう点を考えると、昨今の教育現場には、「猫の手も借りたい」という勢いで、支援員などの増員を要求する動きもあるようですが、そうした個別支援をしてくれる大人が複数いることについて、いま一度、しっかり考えておく必要があると思います。それは、支援者が複数いればいるほど便利かつ有効である反面、その分だけ、必然的に友だち同士の関係が希薄にならざるをえないという点です。このことは、子ども以上の数の大人がいる肢体不自由養護学校にいたころ、私が痛感していたことでもあります。

第3項　「教え合い」のなかで自分を出せたC

◉事例の概要

X小学校に赴任して数年目の事例です。四年生のCは、国語と算数が苦手でした。とくに算数は、二学年ほどの学力の遅れが認められました。

Cは、三年生のころから算数の時間に特別支援教育支援員が入り込んで個別指導をしており、四年生になってからも継続して入っていました。校内委員会を開いたわけでもなく、担任である私がコーディネーターに支援員の入り込みを要望したわけでもなく、校内委員会でCへの支援方針が決まったわけでもありませんでした。

当時、私は、友だち同士の「教え合い」を授業に取り入れた「仲間づくり」にとりくんでいたので、単刀直入にいえば、支援員は不要でした。「教え合い」というのは、具体的には次のような実践です。

たとえば、わり算の学習。黒板に書いた問題ができたら担任にノートを見せに来るということをやってみます。できた子には次の指示（計算ドリルなど）を出しています。早くできた子は、自分のペースでどんどんドリルを進めます。遅い子も、早い子がザワザワして待っているわけではないので、自分の遅れをさほど気にすることなく、集中して黒板の問題にとりくめます。時間を有効に使い、個人差にも対応できるこの方法を私はよく使っています。

しかし、次々に並ぶ子どもたちのノートを見ている私は、行き詰まっている子の個別指導ができません。でも、方法はあります。それが、子ども同士の教え合いです。「できた子はわからない人を教えてあげて！　それも自分の勉強になるから」と声をかけます。サッサと動いてくれる子がいます。

そんななか、「教えたろか」という声が聞こえます。そこで私は言います。「『教えたるわ』という上から目線はダメだ。そういうの、〝親切の押し売り〟って言うよ。それはやめよう。『教えて』と言われたら応えよう。『あの子の言い方、えらそうやから教えてほしくない』と思われたらダメ。『あの子の教え方はわかりやすい。とってもやさしく教えてくれる』と思ってもらえるような子になろうね」と。学習のなかでも友だち関係がつくれます。思いやりの心も育ちます。素直に「教えて」「助けて」と言える関係が大事なのです。

三年生のころ、Cには支援員が常時付いていたので、だれかにヘルプを求める必要がありませんでした。それゆえ、何らかの事情で支援員が不在のときには、Cは自分から友だちに声をかけることができなかったのです。しかし、前記のようなとりくみを進めるなかで、また、支援員がいない状況のなかで、Cは次第に自分から友だちに声をかけるようになりました。じっくり見ていると、わかりやすいと思える好みのタイプがあるようで、いつも同じ子を指名していました。

一方、ダンスが得意だったCは、運動会練習ではみんなの見本になって朝礼台で踊ったり、苦手な子に教えたりすることが何度もあったのです。

◉考察

さまざまな支援を必要としている子が複数いる教室のなかで、それに見合う数の支援員を配置することは予算的にも現実的にも無理があります。では、どうすればよいのでしょうか。

それが、友だち同士を互いの支援者にするという発想です。そういう関係を意図的に組織すればいいのです。「ミニティーチャー」ということばを聞いたことがありますが、おそらく、こうした実践は、多くの先生方がとりくんでいることだと思います。

私は、ここに特別支援教育の活路を見いだせると考えています。特別支援教育というのは、決して〝特別な〟ことではなく、ごく当たり前の教育活動なのです。このような「学び合い」「育ち合い」といった相互関係のなかでの相互支援をめざした実践は、過去から現在まで、多くの教室で展開されているように思います。その際のキーワードが、友だち同士の関係のあり方そのものを支援する「関係支援」なのです。

Cは、友だちに励まされ、支えられて、「算数、おもしろい」と言うにいたりました。一方で、ダンスの見本になったり、苦手な子に教えたりしていたのです。これが、いわゆる「相互性」です。Cの事例は、それを教えてくれます。

伊藤(2009)は、「発達障害に対する支援は、彼らの偏りやこだわりを封じこめるのではなく、それらのあり方にも開かれたものとなることが切に求められよう。人間はみな偏りをもっている。人間はみな発達障害なのである。自らの偏りを誇り、他者の偏りを尊敬しよう。そのような多様なあり方を共有することこそ、われわれの先祖が長年にわたってやり続けてきたことであり、そこに今日の豊かさがもたらされたのである」と述べています。

Cは得意分野を生かして友だちを支援し、苦手なところを友だちに支援してもらいながら、共に育ち合ってきました。このように、互いに自分を開き合い、それらを共有し、共に育ち合っていけるようなクラス、そういう土壌こそが、いま特別支援教育に求められているのではないでしょうか。

第4項　「仲間の変化」とマイペースなD

◉事例の概要

これもX小学校の事例です。舞台は四年生の教室。私は学級担任です。三学期に一人の転入生がありました。広汎性発達障がいの診断を受けているDです。初日の自己紹介から、「ちょっと変わったやつ」という印象でした。

案の定、日を追うごとに、細かいトラブルが続きました。そのなかでも、比較的大きな最初のトラブルの相手はPでした。ある日、Dが階段を一人で上がっていました。その前をPが普通に歩いていました。と、突然、DがPにぶつかり、「どけや!」と言って、いきなりPを叩《たた》きました。「おまえ、急になんや!」ということで、その後、言い合いになり、収拾がつかなくなりました。Pの訴えで事態を知った私は、それまでの小さなトラブルをまとめて指導できる機会と考え、全員がそろった教室で二人から事情を聞きました。

Dは、「この人がぶつかってきた」とPを指さし、譲りませんでした。私は、目の前で場面を再現しながら丁寧にことの顚末を聞いていきました。その細かい具体的なやり取りのなかで、Dはようやく「自分がぶつかった」と認めました。その後、Dには、「距離をおいて歩くこと」「友だちの名前を覚えること」「手を出さずにことばで伝えること」などを具体的に伝えました。それ以来、DはPの名前を頻繁に言うようになり、PはDの〝天敵〟のような存在になってしまいました。

この日以来、クラスの多くの子たちは、Dへの接し方を考えるようになりましたが、一部の子たちが、少しからかい気味に、Dの過剰な反応を楽しむという面が見られました。そのつど注意を促してきましたが、ある日、とんでもない一大事へと発展してしまいます。

トラブルのきっかけをつくったのはQでした。Qが最初にDにちょっかいをかけ、軽く言い争っていました。そこに、事情を何も知らないPが、あの日以来天敵扱いされていた憂さ晴らしのつもりか、「やめとけ~」などとDに近づいて罵声を浴びせました。

これで火がついたDはパニックになり、近くにあったランドセルを振り回し、Pを叩きました。Pも前回は手を出しませんでしたが、今回ばかりは我慢できなかったらしく、Dの胸元をつかんで殴りかかろうとしました。それをPの親友のRが止めに入りました。身体の大きなRが、自分の胸くらいまでの背丈しかないDを羽交い締めにして抑えようとしましたが、予想以上にDの腕力が強く、簡単にはいきませんでした。ようやく、男子数人がかかわってDを落ち着かせ、事態は収拾しました。

この出来事は、私が出張に出た直後のことでした。私のいない教室で、この一触即発の事態を子どもたちの力でなんとか収拾させました。しかし、見守るしかできなかった子たちは、翌日、「こわかった」「どうなるかと思った」と振り返っていました。それほどの修羅場であったようです。このように、トラブルは教師の目の届かないところで起こることが多いのです。

この一件を機に、子どもたちのDに対する接し方は明らかに変わってきました。少なくとも、怒りのスイッチを押すような子はいなくなりました。一方で、あれこれ言われるのを嫌うDに対して、必要以上に言わなくなったし、Dの意向をそのつど丁寧に確かめたりするようになりました。

転校当初は、とにかくトラブルが多いので、同じ班になるのを露骨に嫌がる子もいました。しかし、ある班のときに、Dがとても落ち着いていたのをクラスのみんなが認めていました。その班のメンバーたちのかかわり方を私がクラスのみんなに提示することで、それを学ぶ子たちがたくさんいました。一方では、よくトラブルになる子たちは、自分のかかわり方の至らなさを反省していました。

こうして、Dは見違えるほど落ち着いてきました。もちろん、小さなトラブルはたくさんありましたが、そのつど、まわりの子たちがうまく収拾させていました。Dはといえば、相変わらずのマイペースで、わが世界を楽しむという感じでしたが、少しずつ他者を意識した言動が見られるようになっていきました。

まわりが変わってDが変わる。Dが変わり、まわりも変わる。これがCの事例でも言及した「相互性」です。そして、年度末に作成した学級文集に、あれほど敬遠していたDのことを、たくさんの子どもたちが書いていました。一人の子の文を一部抜粋して紹介します。(「心に残ったできごと」より)

……体育で、長なわの練習があった。私は、(転入生のDさんがきちんととべるかな)と思っていた。最後の練習だったのに、みんな、あきらめているような感じだった。すると、先生に「もう、練習やめ!」と、しかられた。でも、私たちは続けた。Dさんがとべるようになってきた。練習で初めて三分で二〇〇回をこえた。私は、(Dさんが入って初めて二〇〇回こえた〜）と思った。すごくうれしかった。そして本番。Dさんがとべていた。次の子がタイミングよく、Dさんの背中をおしていた。私は、（やった〜、Dさんがとんだ〜!!）と思った。最後の三回目。先生が「二学期の二二〇回の記録をこすぞ〜、がんばれよ〜！」と言った。Dさんはほとんどとべていた。ぎゃくに、ほかのみんながひっかかっていた。すると先生が、「D、とべているぞ〜！　ほかの子もがんばりや〜」と言った。私は、（ほんとうや。Dさん、ほとんどひっかかってないよな〜。三学期に入ったばかりやのに、もうとべるの、すごいな〜）と思った。……

この文を書いた子はDが跳べたことをクラスの喜びとしてとらえ、自分が跳べたかのように素直に綴《つづ》っています。こういう思い方ができる子を育てることが、「関係支援」がめざすひとつの着地点だと考えています。

その年度末、次年度の学級編成に関して、Dの友だち関係を考慮し、できるだけトラブルが少なくなるようなさまざまな配慮をしました。しかし、集団というのは、そうそう簡単なものではありません。

案の定、四月当初からさまざまなトラブルが続きました。新任数年目の若い男性教諭も、日々、Dと格闘していました。私は、その年、特別支援学級の担任で、比較的自由に動ける立場だったので、頻繁にDのクラスに入り込んでいました。その際の基本的スタンスは、「関係支援」です。算数の授業中、いつになくDが集中していました。それは、窓の外をぼんやり眺めたり、近くの子にちょっかいを出したりしているDに、隣の席の子が、「ほら、次はこの問題でしょ」などと、小声でささやき、教科書を指さしたりしていたからです。私は、「そうやってトントンと指で場所を示すとわかりやすいね。いいね、それ！」と言って誉《ほ》めます。まずは、これを基本にしていきます。しかし一方、「おっと、それ以上言うと怒ると思うよ……」という制止を聞かずに言いつづけてDに叩かれている子に、「ね、言ったでしょ。ま、何事も経験。これで君もDのこと、ちょっとわかったよね！」など、とにかくまわりの子たちに頻繁に声をかけるようにしていました。

しかし、あまりにもトラブルが多いので、四月下旬、担任と相談して、私が昨年の友だち関係を中心に、Dのことをクラスで話したこともありました。同じころ、Dの母親が担任をとおして私に相談してきました。「もう、毎日トラブルばかりで……。特別支援学級に変わったほうがいいかと思って……」と涙ながらに語る母親の思いを傾聴しつつ、私は、「みんなのなかのトラブルは、みんなのなかでしか解決できないと思います。お母さん、しんどいでしょうけど、一緒に見守っていきませんか」と伝えました。母親はしばらく考え込んでいる様子でしたが、顔を上げて私の目をしっかり見つめ、「わかりました。先生が一緒なら、私もDもがんばれそうな気がします。いえ、何があっても、がんばります！」と、その決意を語られました。
その後、紆余曲折《うよきょくせつ》を経てDはかなり落ち着き、周囲とのトラブルは激減しました。

◉考察

Dは周囲の状況に無頓着で、とにかくマイペースです。数年来、Dと付き合ってきて、その点は大筋ではあまり変化がないと思います。しかし、まわりの子どもたちの対応は、劇的に変わったといえます。とくに、Dが落ち着いていたころに同じ班だったメンバーのかかわり方は秀逸です。それをまわりの子が学び、自らの至らなさを反省して修正する子もいたりしました。まさに、「学び合う」仲間たちです。

このように、Dの事例を振り返ると、友だち同士の〝関係〟がいかに大切であるかを思い知らされます。その関係が十分でないため、トラブルは起きます。しかしそのトラブルを糧に、関係が進展します。しかし、またトラブルが起きます。しかしそれを乗り越えることで、さらに関係は深まります。この繰り返しで、関係は発達していくのです。その帰結が、Dを排除することなく、クラスのみんながひとつになった長縄大会の記録更新であり、普通学級で共に生きていこうとする母親の決意でした。

私は、個人に焦点を当てた個別支援を否定するつもりは毛頭ありません。しかし、そこばかりに集中して対象児を「がんばれ、がんばれ」と叱咤激励《しったげきれい》することに費やすエネルギーを、周囲の子たちを育てることに使いたいのです。Dの事例のように、「まわりが育てば、その子も変わる」ということを信じて。

私は、特別支援教育に限らず、教育活動全般において、友だち同士をつなぐ「関係支援」を最重要概念であると考えています。Dの事例は、その確信を得るにいたった大きな契機となるものでした。

第3節　事例を振り返って

第1項　〝特別でない〟特別支援教育

その日の気分によって座り込んでしまうことさえあるAの遅れを取り戻すため、みんなが必死でリレーの練習をしました。お互いが努力を重ね、「高め合う」ことができた仲間たちでした。また、友だちの声を聞いて一緒に笑い、みんなが静かなときは自分も声を出さなかった中学生のB。同じ時間と空間のなかで、「つながり合う」仲間たちができました。さらに、算数が苦手だったCは、わからないところを友だちに進んで尋ねることができるようになりました。一方、得意なダンスを友だちに教えていました。お互いが、それぞれを「認め合う」仲間たちでした。そして、トラブルばかりが続いていたDですが、まわりの友だちの接し方が変わり、Dも次第に落ち着いてきました。お互いが「わかり合う」仲間になれました。

このように、教室のなかには、いろいろな子どもたちがいて、日々、いろいろなことが起こります。

ある日、職員室で、年配の先生が、「こういうタイプの子、昔からいたよね。なんかいま、ADHD（注意欠如・多動症）や広汎性発達障がいとか、とにかく発達障がいというふうに括《くく》ってしまっているけど……」という話をされていました。私自身もそう思うし、同じような話をこれまでに何人もの同僚から聞いたことがあります。

青木(2011)は、「一人ひとりにかかる圧力は強く、一人ひとりを護るものは少ない、人が孤立し孤独になりやすい時代になってきたと感じる。今の時代に追いつめられている多くの人がいる。しかも追いつめられた時、こころの病気や障がいという形となって現れやすいのが、現代という時代の特徴ではないかと思う」と述べています。これは、「こういうタイプの子、昔からいたよね。でもいまは……」という感覚を見事に説明しています。

さらに青木は、「多様な様々な個性をもった人が、それぞれの場で生きているとき、多数派でないということで不寛容である時代の兆候に、私は反対である。人と人とを支えきれない、そんな時代の難題に、理念を持って、粘り強く関わっていきたいと考えている」と決意しています。四つの事例を振り返ると、その一言一句が当てはまります。そして、その「理念」こそが、私が本書で述べている「関係支援」という視点だと考えています。

実はこれは、発達障がいに特化した問題ではないのです。〝他者意識の向上〟を基盤とした「仲間づくり」が、至極当たり前のこととして問われているのです。そういう意味で、私は、特別支援教育というのはそれほど〝特別な〟ものではないと考えています。

第2項　関係支援につながる個別支援

「個別支援」とは、支援に関する知識や技術を駆使して対象児を直接支援するものです。しかし、個別支援だけでは対象児と周囲との関係は広がりにくいのです。だからといって「個別支援」を軽視しているわけではありません。むしろ、教職員などの支援者は、そのノウハウをより多く知っておく必要があります。

いずれにせよ、現場の教職員は、その専門性を高める努力をする必要があるのです。ただ、発達障がいに関する知識や技術も専門性ですが、その前に、教師は教育の専門家です。そこにいま一度立ち返り、自らの専門性を問い直していく必要があると思います。自らの経験則に固執して独善に陥ることなく、謙虚に学びたいと思います。そして、その「個別支援」に関するノウハウが、次に述べる「関係支援」の具体的方策へとつながるものであるととらえています。

第3項　なぜ「関係支援」なのか

「関係支援」は、対象児と周囲の子たちとの関係を調整する支援のことです。「個別支援」に関するノウハウをベースに、上手な声かけを誉め、過剰な手助けを制止するなど、「仲間をつなぐ」という視点を常に念頭に置いたものです。

発達障がいと虐待の関係について研究を続けている玉井(2009)は、学校の果たす役割を重視するなかで、支援対象児童とまわりの子との「関係調整」という視点を強調しています。そのような友だち同士の関係を調整する支援のあり方が「関係支援」です。

同じ指示や注意を繰り返すことになりがちな対象児への「個別支援」には、相当な根気と労力を要します。担任一人の力にも限界があるし、支援員などが教室に入り込んでいてくれても、すべての児童に個別対応をすることは不可能に近いのです。

そこで私は、友だち同士が互いの支援者となるような特別支援教育をめざしているのです。田中(2010)は、「『共に生きる』という関係性の中に『発達』があるとすれば、育ちあう関係性にこそ着目すべきであろう」と述べていますが、この考え方こそ、「関係支援」のベースとなるものであると考えています。

第4項　関係発達を軸にした「仲間づくり」

Aのクラスの場合、運動会での学級対抗全員リレーで、どこに走っていくかわからない自閉症のAがいるからこそ、みんなが必死になりました。その中心にAがいて、みんながそれぞれの力を出し切り、お互いを「高め合う」ことができました。

自発的なことばは出ないBの場合、交流先の中学校で小学校時代の同級生やまわりの友だちが笑うと、一緒になって満面の笑みを浮かべていました。通じるものがあるのでしょう。そして、私が少し離れた場所から見守っていると、友だち同士のたくさんのかかわりが見られるようになりました。「つながり合う」仲間たちです。

算数が苦手だったCの場合、三年生のころには支援員の先生が入り込んで個別指導を受けていました。しかし、四年生では友だち同士の教え合いのなかで、自分から相手を探して丁寧に教えてもらっていました。一方で、自分の得意なダンスを友だちに教え、「すごい」と誉められていました。「認め合う」仲間たちです。

Dの場合、とにかくマイペースで、基本的に人とかかわることが嫌いで、トラブルばかり続きました。しかし、周囲の友だちの理解が深まり、上手にかかわる子が増えてきて、その輪が広がり、Dは次第に落ち着いてきました。「わかり合う」仲間たちです。

このように、高め合い、つながり合い、認め合い、わかり合う「仲間づくり」に関する四事例を振り返ってみました。そこに共通して見られるのは、〝育ち合う仲間〟です。いまさら言うまでもないことでしょうが、やはり、子どもというのは、関係のなかで育っているのです。だからこそ、教員をはじめさまざまな立場の支援者は、その関係性に着目し、その関係発達を促すような支援のあり方に重点を置く必要があると思うのです。

第5項　今後の課題

徳田(2007)は、「学校はなによりも、地域の子どもたちがそれぞれ生きるうえでの固有の事情を持ちながら通い、ぶつかり合い支え合いながら生きあう場所」であるとし、「それがあっての学びであり、育ちである」と言っています。まさに、私の主張や実践と重なるものです。できれば、それぞれの「固有の事情」をお互いに語り合えるような関係になればと思います。そこをめざしたいとは思いますが、それは至難の業《わざ》かもしれません。しかし、そこまでいたらなくとも、「何らかの事情があるのだろう」という暗黙の了解のもと、お互いを尊重し理解し合えるような関係をつくりたいと思っています。そのなかでの学びや育ちを保障できるような仲間関係をつくりたいのです。そういうクラス、学校、ひいては社会をつくりたいと、いま真剣に考えています。

ここ数年来、特別支援教育という名のもとに、発達障がいを中心とした「個別支援」のあり方がクローズアップされています。それに関するさまざまな研修会なども開催され、多数の書籍もあります。それはそれで否定するつもりはないし、実際場面で参考になる知見も数多くあり、実践に生かしています。ただ、気をつけなければならないのは、障がい名や問題行動にばかり目がいき、肝心の子どもそのものを見失ってしまわないかという点なのです。

実際、職員室でも、ＬＤ（学習障がい）、ＡＤＨＤ、ＡＳＤ（自閉スペクトラム症）、広汎性発達障がい、ネグレクトなどのことばがごく普通に聞こえてきます。そういう用語で括って話が展開することは少ないのですが、気をつけなければならないところだと考えています。

辻河（2009）は、「特別支援教育においても、症状や行動にのみかかわるのではなく、まずはかけがえのない一個の人間存在にかかわるといった姿勢を再確認したいものである」と、具体事例を提示しながら支援者のかかわり方に警鐘を鳴らしています。さらに辻河は、「特別支援教育の報告を聞いていると、支援する者（教師）と支援される者（子ども）といった一方向的な関係のなかでかかわりがなされることが往々にしてあるが、この点は支援者の支援観が問われるところであろう」としたうえで、教師が「子どもに支援する者であると同時に、子どもに学ばせてもらう者であるといった双方向的な関係を念頭においた特別支援教育が推進されることを期待したい」と結んでいます。

私の実践の中核テーマは「関係発達」であり、そのための「関係支援」です。これまで子ども同士の〝関係〟について論じてきましたが、その背後には、あるいは、それを支えるものとして、「子どもと保護者」「教師と子ども」「教師と教師」「教師と保護者」など、さまざまな関係が絡んでいます。そのどれも欠けてはならない重要なものです。

とりわけ、私自身が、子ども、保護者、同僚に対して、その〝相互性〟を意識しながら、常に学ぼうとする姿勢をもちつづけたいと思っています。

そのうえで、「関係発達」を軸にした特別支援教育、ひいては、「仲間づくり」を核としたさまざまな教育実践を、日々積み重ねていきたいと考えています。

次章では、支援者の役割について詳述することにします。

第3章 「関係支援」における支援者の役割

第1節 なぜ、支援者に焦点を当てるのか

ＬＤ（学習障がい）、ＡＤＨＤ（注意欠如・多動症）、広汎性発達障がいといった専門用語を学校現場や各種研修会などで耳にするようになって一〇年ほどが経《た》つでしょうか。この間、特別支援教育の萌芽《ほうが》から本格実施にいたる過程で、「発達障がいブーム」と言ってもよさそうな状況が続いています。

そうしたなかで、個別支援に関するノウハウがクローズアップされ、これに類する書籍の出版や研修会などの開催が数多くなされています。こうした事態に違和感を覚えていた私は、友だち同士をつなぎ、友だち同士で支援し合う「関係支援」という支援のあり方を模索し、実践を重ねてきました（拝野・辻河 2012 を参照）。

そして、そのような実践のなかで、同僚や保護者らと話をする機会があります。そこでは、「一人だけにかかわっていると、ほかの子に目が行き届かない。担任として、教室でどのようなかかわりができるか?」とか、「何度も同じことを言わせるので、どうしても叱ってばかりになる。親として、どのように接したらいいのか?」といった声を数多く聞いてきました。

こうした事情をふまえて、私は、「関係支援」を実践していくうえでのキーパーソンとなる教職員や保護者らの支援者に焦点を当て、その役割などについてあらためて見直していく必要があると考えるようになりました。

子どもたちの関係発達を促す「関係支援」は、子ども同士の〝関係〟が中核テーマとなっています。しかし、その背後には、あるいは、それを支えるものとして、「子どもと保護者」「教師と子ども」「教師と教師」「教師と保護者」など、さまざまな関係が絡んでいます。そのどれも欠けてはならない重要なものです。とりわけ、支援する者が、それぞれの関係のなかでお互い学び合うという〝相互性〟を常に意識することが大切です。

本章の目的は、私が何らかの立場で直接かかわってきた人たちとのかかわり合いを事例として提示し、「関係支援」を実践する支援者の役割や心構えなどを明確にすることです。このことは、教員が今後、「関係発達」を軸とした特別支援教育を展開するための一助となると思われます。

第2節　支援の具体的実践事例

第1項　特別支援教育の研修会にて～教職員のグループ討議～

◉事例の概要

学級担任、特別支援教育支援員、スクールカウンセラーなどが集う特別支援教育に関する研修会で、次の新聞記事を題材にして、小グループでの話し合いがもたれました。

〈障害児〉普通学校通いやすく……従来の施策転換　文科省

文部科学省は、現在障害を持つ子供の通学先が「原則として特別支援学校」と定められている法令を改正し、普通の小中学校に通学しやすくする方針を固めた。これまでの障害児教育の施策を転換し、重い障害があっても本人や保護者の意向を尊重して小中学校に通うことで、子供に達成感や充実感を感じてもらうのが狙い。学習支援にあたる教職員の増員や学校のバリアフリー工事費を来年度予算の概算要求に計上する。

学校教育法施行令は、一定程度以上の視覚や聴覚、知的障害を持つ子供は原則、特別支援学校に就学すると決めており、教育委員会が認めた場合に限り例外として通常の小中学校に通うことを認めている。文科省は今年度、同施行令の改正を目指し、教委が本人や専門家の意見も聞きながら就学先を柔軟に決める仕組みにする。

文科省によると、昨年度、特別支援学校の対象になる障害を持つ児童生徒は約八五、〇〇〇人（全国の約〇・八％）。このうち実際に特別支援学校に在籍しているのは約六五、〇〇〇人で、例外的に小中学校に設けられた「特別支援学級」に約一七、〇〇〇人▽通常の学級に在籍し週一～八時間の特別な指導を受ける「通級指導」に約三、〇〇〇人がいる。

法令を見直すことで今後、障害があっても小中学生と一緒に過ごすケースはさらに増えると想定される。文科省は、学校生活や学習をサポートする教職員を増やすなど環境を整備することで、小中学校で共に学べる体制づくりを進める。また、特別支援学校と小中学校の転入学もしやすくする。

平野博文文科相は「障害者は学校を卒業すれば社会に出る。学校にいるうちから友人らと一緒に学んで共感できるような仕組みづくりを進めたい」と話している。（以上、記事全文）

（毎日新聞 2012.9.5）

グループ討議（◎スクールカウンセラー、▲特別支援教育支援員、■学級担任、★拝野）

◎　うちの子の学校には何人か車いすの子がいます。そういう子の教室はたいてい一階にありますが、教室移動の際は補助の先生がおんぶして連れていき、車いすは担任の先生が持って上がっています。トイレ介助は、先生も本人も大変です。学校に車いすの子なんてそんなに珍しくないのに、なぜ、最初からバリアフリーでないのか不思議です。

▲　三〇年前とかの校舎だったら、バリアフリーの意識が薄かったので、段差はたくさんあるでしょうね。車いすの子が学校に入ってくるのがわかった時点で、スロープやリフトなどを設置するために改修すると思いますが、予算がないのでしょうね。

◎　うちの子の学校は、ちょうど築三〇年です。バリアフリーでなくて当たり前ですね。でも、ここ数年にできた学校なら、当然、バリアフリーになっているのでしょうね。

■　それは、どうなのでしょうか。それより、障がいのある子がいるクラスには、補助の先生が付いているようです。いまは、ハードよりソフト重視みたいな感じです。でも長い目で見たら、お金がかかるのはどちらなのでしょうね。

▲　たしかに、最近は学校の新設はあまりないですが、古い校舎の建て替え時に整備することはあるかもしれないですね。いま、補助の先生や支援員さんは増えてきていると思いますが、ハード・ソフト両方整えるのが望ましいのだと思います。

★　教員になって二九年、私はずっと「共生共学」をキーワードにやってきました。それは、自分自身が受けてきた分離教育とは違うものでした。しかしいまは、インクルーシブということばを、文部科学省や国立の特別支援教育総合研究所などが使うようになってきています。ようやくここまできたかというのが、正直な思いです。

私が勤める伊丹《いたみ》市では、規模は小さいですが、市立の小・中・特別支援学校二六校すべてにエレベーターが完備されています。これは、教員出身の方が市議会議員になられて、現場の実情を議会で訴えられたからこそ実現したものです。過去の経緯もふまえ、政治的なさまざまな思惑に教育が利用されないよう、政治と教育は分けたほうがいいとは思います。しかし、先の例のように、現場の生の声を議会に届けないかぎり、現状は変わらないのです。いくら理想を掲げて声高に叫ぼうとも、予算が取れなければ事態は進まないのです。

そういう意味で、今回の毎日新聞の記事は、世論に影響を与える可能性があるという意味で、とてもうれしいものです。ただ、そういう子たちには、そういう子たちに合った教育の場や機会があるのに、なぜ、あえて一緒にするの？　という反論もあろうかと思います。しかし、小学校で二〇年、特別支援学校で九年の教職経験をふまえ、私は、やっぱり「一緒がいい」と思っています。

▲「一緒がいい」とおっしゃる方は、私のまわりにも何人かいます。私は、より個に応じた支援や教育というものがあるのではないかと思う一方で、「他者とのかかわり」が人間に

とって非常に大切なものであるとも思います。しかし、クラスでみんなと同じ授業が受けにくい子どもへの対応で、先生が疲れていらっしゃるのを見ると、一緒というのは先生も児童・生徒も大変だなあとも思います。

★ もちろん、「大変」です。次々に起こるトラブルに、正直、疲れます。でも、そこで、「やっぱりこの子にはこの子に合った教育の場が」とか「個別支援の方法が」と言ってしまうのを、私は〝逃げ口上〟にしたくないのです。実際、そういう先生方をたくさん見てきて、痛感しています。口では「個別に見てあげたほうが、この子のためになるのでは」とおっしゃいますが、結局は、ほかにも大変な子がたくさんいるのに、この子にだけかかわっていられない、私には見ることができないので、だれかお願いします、という意見をおもちの先生が多いのです。

教育って何でしょうか？　もちろん、できないことができるようになるに越したことはありません。そのために、私たち教師は日々がんばっているといっても過言ではないと思います。でも、特別支援学校に勤務していたころ、「私、がんばれっていうことば、大嫌い。私ら、朝起きて、トイレ行って、食事して……っていう普通の人にしたら当たり前のことが、たったそれだけのことに毎日毎日必死なのです。そのうえに、あれこれがんばれって言われるの、すごくいや。普通のことをするだけで、毎日がんばっています、私……。とにかく、みんなとワーワーやっているだけでも、毎日が楽しいし、生きている！という感じがする。先生には、こんな感じ、わからないと思うけど……」と涙ながらに語る一四歳の子のことばを忘れることができません。

もちろん、私は教師として、日々、子どもたちが何かができた達成感や満足感を味わえるようなとりくみを続けています。そんななかで、何かができないからといって、個別に取り出して指導したり、クールダウンと称して別室に連れ出したりといったやり方に、憤りすら覚えています。いろんな子がいたらトラブルはつきものだし、わからない子への個別支援も必要だとは思っています。もちろん限界はあります。だから私は、友だち同士で教え合う関係を、日々の授業で取り入れています。もちろん限界はあります。でも、だから、そういう子は特別支援学校？　特別支援学級？　それは、イクスクルージョン（排除）の論理です。

▲　ふだん、何もできていない自分が悲しくなります。私はまだまだ知らないことが多すぎて何も言えないのですが、それでも何かできることがあるなら、私にできる範囲でできることをしたいと思います。これからもいろいろ教えてください。

◉考察

一九七九年の「養護学校の義務化」は、それまで就学免除や就学猶予として公教育の対象外とされていた子どもたちに教育の機会を与えるものとして、一定の評価がされました。しかし一方で、それが「分離教育の始まりである」という批判もありました。

小方(2004)は、「待たれていたはずの義務制完全実施をめぐって様々な論争があった」として、当時の新聞報道や各種団体などの主張を整理しています。そのなかで、「就学指導」のあり方が議論され、「養護学校の存在」そのものも論争の対象になったことが詳述されています。そこにみられる、就学に関する当時の国の考え方は、「障がいがある子は養護学校へ」という〝分離教育〟が基本でした。

しかし、本事例の新聞記事で取り上げたように、現在の文部科学省の就学に対する考え方は、少なくとも「まずは分離ありき」ではなく、インクルージョン(inclusion)の方向です。インクルージョンは「包括」とか「すべて含むもの」などと訳され、exclusion(排除)の対義語です。インクルージョンがめざす方向は、さまざまな立場の人が排除されることなく共存する社会です。障がいがあろうとなかろうと、高齢者も外国籍の人たちも、共に生きていく社会です。

ここで気をつけなければならないのは、それが単に場所の問題に帰結するものではないということです。学校教育に関していうと、「みんなが同じ場所(学校や教室)で学ぶ」ということに限定された意味ではないのです。

ただ、私個人としては、事例のなかで「小学校で二〇年、特別支援学校で九年の教職経験をふまえ、私は、やっぱり『一緒がいい』と思っています」と発言しているように、インクルージョンという概念を、「同じ時間と空間で過ごす」という意味でとらえてきました。また、個別対応を優先するのではなく、集団のなかでの関係性に焦点を当てたうえでの個別支援を考えてきました。これは、浜谷(2011)の、「特別支援教育において個への支援は必要である。しかし、学校の現状をみると、それが実を結ぶ基盤となる、インクルージョンを実現することこそ、今、とりくむ必要がある」という指摘と重なります。

私は、〝仲間づくり〟をキーワードとした「関係支援」という実践を積み重ねながら、インクルーシブな学級や学校、ひいては、社会の構築をめざしています。しかし、実際の教育現場には、「クラスでみんなと同じ授業が受けにくい子どもへの対応で、先生が疲れていらっしゃるのを見ると、一緒というのは先生も児童・生徒も大変だなあとも思います」と感じている支援員がいるのです。

こうした声は、この支援員に限ったものではなく、たとえば、「教室ではこの子ひとりを見ているわけではない。ほかの子も見ないといけないので、ひとりにかかりっきりになれない」といった担任の先生方の発言と同根で、枚挙にいとまがありません。こうした発言の背景にはインクルージョンの理念は見受けられず、逆に、イクスクルージョン（排除）の片鱗《へんりん》さえ感じられます。私は、インクルージョンの理念を実践に移す際、最優先されるべきは本人や保護者のニーズであり、「支援の手が足りない」とか「支援者が疲れているから」という支援者側の都合や論理ではないと考えています。

しかし、だからといって、疲れている支援者を軽視しているわけではありません。むしろ、支援者同士が「支え合う」ことは大切であると考えています。私自身の経験でいえば、同僚との雑談でホッとした気分になったことが何度もありましたし、保護者の温かい一言に救われたこともあります。家族の存在も大きいです。玉井(2009)は、子ども虐待と特別支援教育の関連を考察するなかで、教師を支える大切さに言及し、「支えてもらえる実感が、だれかを支えるエネルギーになる」と述べています。これが、まさに「支え合い」なのです。

一方、事例で展開されたような率直な意見を出し合える討議の場は必要であると考えています。それは、同じような考えや意見ばかりが続くよりも、異なる意見が出されたほうが、討議はより活発になり、一人ひとりの考えが深まったり前向きになったりする場合が多いからです。先の支援員も、「私はまだまだ知らないことが多すぎて何も言えないのですが、それでも何かできることがあるなら、私にできる範囲でできることをしたいと思います。これからもいろいろ教えてください」と謙虚に振り返り、今後の決意を語っていました。

こうした教職員同士の議論が背景にあるからこそ、日々の具体的な支援をお互いに考え合い、実践の質を互いに高め合っていくことができるのではないでしょうか。

第2項　集中力が続かないE～母親への提案～

◉事例の概要

X小学校の数年目、二学期末の個人懇談会。注意集中が苦手なEの母親。担任である私が、Eの家庭学習の様子を尋ねると、母親は、「先生、うちの子、五分と座っていられないのです。長く続いても、せいぜい一〇分ほどです。机に向かって宿題をしていても、私がちょっと目を離すと漫画を読んだりテレビをつけたり……。私は、どうしても叱ってばかりになっています。先生、宿題はずっと私が見ていなければいけないですか？　私も家事があるので、そういうわけにもいかないし、どうしたらいいですか？」と、逆に問い返してこられました。

私は、「『ちょっと目を離すと』ということは、お母さん、Eさんの宿題の様子をけっこうしっかり見てくださっているのですね。ご苦労様です」と、まずは日々の母親の努力をねぎらいました。そして、「それでも、次々とほかのことに気が散ってしまうわが子を見ていると、イライラしてつい叱ってばかりになるのですね」と、その思いに共感を示しました。すると母親は、「そうなのですよ、先生。それでね……」と、わが子の不注意さ、集中力がいかに続かないかなどの〝できなさ〟の実例を、堰《せき》を切ったように次々と話しはじめました。

私は、母親の話を聴きながら、日々の教室でEの集中力が続くようなさまざまな方法を試行錯誤してきたことを想起していました。そして、Eに対して、「さっき注意したばっかり！」とか「いまこのページ！」と口やかましく言っていた自分自身を振り返ると、「どうしても叱ってばかりになっています」と語る母親の気持ちの一端を共有できたように思えました。しかし、二人が同じようにイライラしているだけでは、互いの傷をなめ合うような感じで、「しんどいですね〜」と言い合って終わってしまうように思われました。もちろん、そのような「しんどい」思いの共有はとても大切だと思います。決して、それを否定するわけではないのですが、少しでも先への見通しがもてるような具体的な支援策はないものかと考えながら、母親の話に耳を傾けていました。

〝受容と共感〟を念頭に傾聴に徹し、一通りの話を聞き終えた私は、「ところでお母さん、最初に『五分と座っていられないけど、一〇分ほど続くこともある』という話がありましたが、それはほんとうですよね」と、Eの〝できる〟部分に着目してみました。母親は、「それはまあ、一〇分くらいなら……」とことばを濁しました。私はすかさず、「わかりました。一〇分でいきましょう。お母さん、家にキッチンタイマーありますか？　なかったら百均でも売っています。それで、タイマーを一〇分に合わせて、宿題をやらせてみてください。ピピッと鳴ったら休憩五分。これもタイマーを使います。休憩中は、漫画を読んでもゲームをしてもいいことにしましょう。この一五分を四セット繰り返したら、一時間で四〇分も勉強ができますよ。四〇分間ずっと続けて勉強するのはむずかしいけど、一〇分を四回ならできると思います。一度、家でやらせてみてください」と、具体的な提案をしてみました。

母親は、「わかりました。今日帰ったら、さっそくやってみます。そういう方法なら、私も付き合えそうな気がします」と、懇談会が始まったときの硬い表情が和らぎ、笑顔で帰っていかれました。

翌日の連絡帳。「…（前略）…先生、効果絶大でした。Eは驚くほどがんばりました。休憩を五分で切るのが少し難しかったですが、『次の一〇分がんばったら、また休憩があるよ！』と言うと、すんなり切り替えてくれました。やり方ひとつで、こんなに我が子が変わるなんて、目からウロコというか、ほんとうに驚きました。…（後略）…」

私は、次のような返事を書きました。「Eさんは長い時間集中するのが苦手ですよね。それを、『集中しろ！』と怒鳴って集中させようとするのは、本人にとって酷だと思うし、怒鳴る方も疲れます。そんな風にお互いがしんどい思いをするのではなく、〝できることを生かして伸ばす〟（今回の場合は〝一〇分なら続く〟というのを活《い》かす）という方向で考えると、少し楽になるのではないかと思います。今回のやり方が絶対というわけではないし、いつまでも続くとも思えません。その都度また、Eさんにとって最適の方法を一緒に考えていきましょうね」と。

それ以来、Eの宿題忘れは激減し、友だちからもそのがんばりを認められ、休み時間に友だちと楽しそうに遊ぶ姿が頻繁に見られるようになりました。

◉考察

キッチンタイマーを使う宿題のやり方は、私が何らかの文献や研修会などで得た情報ではありません。それは、私が母親の話を〝受容と共感〟に徹して傾聴し、家庭でのEの様子や母親の思いにふれるなかで、紡ぎ出されたものです。

伊原(2009)は、「発達障害の娘を持つ母親との面接」をとおして、「心に寄り添わずして真の対応を考えることは不可能である。両者の本質は同じであることを見失わず、深い共感的理解をともなった具体的アドバイスを投げかけることがセラピストに求められる」としています。ここで「本質は同じ」であるとされる「両者」とは、「心に寄り添うこと」と「真の対応を考えること」です。私はセラピストではありませんが、ここで求められているものは、私が担任としてEの母親と向き合ったときと同質であると考えられます。こうして紡ぎ出された具体的アドバイスが、宿題のときにキッチンタイマーを使ってみるという方法でした。

田中(2011)は、発達障害を生活障害ととらえて生活療法的視点での支援を考え、「『どうしてそうなるのか』を追求しても、当人にとって益は少ない。解釈よりも手段を提示したい。『どうすれば』という視点にリフレーミングすることで、当人が得して生きる経験を探したい」と述べています。私も、Ｅが「どうすれば」集中して宿題にとりくめるかを熟考していました。その契機となったのが、「せいぜい一〇分ほど」という母親のことばでした。

母親は、「一〇分ほど」〝しか続かない〟と否定的にとらえて悲観的になっていると思われたので、私は、「一〇分ほど」〝なら続く〟という別の視点を提示してみたのです。そうすると、まずはその一〇分を正確に計る必要があるだろうと考え、タイマーを思いついたのです。

このように、担任と保護者が学校と家庭での様子を互いに共有し、それに付随するそれぞれの思いなども伝え合うことは、よりよい支援方法を考える際にきわめて重要なファクターとなりうると思われます。

そして、その際の基本的スタンスは、目立ちがちな〝できなさ〟ではなく、見えにくい〝できる〟面に着目することです。それを維持したり伸ばしたりする方向で具体的な方策を考え、試行錯誤を重ねていくことが大切であると考えています。

第3項　大勢のなかで話を聞くのが苦手なF～担任へのアドバイス～

◉事例の概要

これも舞台はＸ小学校、二年生の教室です。Ｆは、とにかく人の話が聞けません。二人きりで話すとそれほどでもないのですが、とくに、全体への指示のあとは、ほとんど指示どおりの動きができません。そのFの担任が、特別支援学級担任の私に相談に来られました。「うちのクラスのFさんですけど、とにかく私の話が耳に入らないのです。注意したらすぐに拗《す》ねたり、まわりの子に当たり散らしたり、ときには暴れて収拾が付かなくなることもあるのです。最近は、そういうことがあまりに頻繁なので、まわりの子たちも辟易《へきえき》している感じです。このままでは、Fさんがクラスで浮いてしまうので、何とかしたいと思っています。どうしたら話を聞いてくれるようになりますか?」という相談でした。

私は、「先生、少し専門的な話になりますが、〝カクテルパーティ効果〟とか〝選択的聴取〟って、ご存じですか?」と尋ね、知らないということだったので、次のように続けました。

「カクテルパーティ、つまり、酒席では会場内がザワザワしていて話が聞き取りにくいことが多いのですが、普通は自分の目の前で話している人の声は聞き取れます。これを〝選択的聴取〟といいます。しかし、聴覚よりも視覚で物事をとらえるのが得意な人たちがいます。そういう人は、〝選択的聴取〟がとても苦手なのです。Fさんも、そういうタイプだと思います。彼にとって、教室で先生の声のほかに聞こえるさまざまな音や声、たとえば、近くの友だちの話し声、隣の教室のざわめき、窓の外から聞こえる車のエンジン音や小鳥のさえずりが、先生の声とほとんど同レベルの刺激として耳に入っているのだと思います。だから、いろんな音や声が気になって、先生の話だけを選ぶのがむずかしいのです。そうすると、指示どおり動けないFさんに対して、

『何を聞いているの！』とか『しっかり聞きなさい！』などと叱っても、あまり効果はないようです。

だったらどうすればいいのか。できるだけ、複数の刺激を与えるのが効果的だとする見解があります。たとえば、社会科の資料を見ながら質問に答えるという状況の場合、近づいてトントンと肩を叩《たた》き、『いま見ているのはこの資料だよ！』と指さして伝える。そうすると、聴覚だけでなく、触覚と視覚が同時に刺激されるのでより伝わりやすいようです。先生も一度、Fさんにそういうかかわりをしてみてはいかがでしょうか」

こうアドバイスをしました。

すると、その担任の先生は、「私も一年生の担任をしているときは、気になる子に対して、普通にそのようにしていました。でも、もう二年生だから大丈夫だろうと、Fさんだけではなく、だれに対してもあまりそういうやり方はしていませんでした。でも、そういう特徴がある子たちは、学年が進んで多少の進歩はあるにしても、苦手なところは苦手なままなのですね。その自覚が、私にはまったくなかったです。通り一遍の指導しかしていませんでした。これから気をつけたいと思います」と、私の提案を受け入れてくださいました。

しかし、次のような問いかけもされました。「でもね、先生。そういうかかわりを必要としている子がうちのクラスには数人います。あちこちに行かなければならないので、私一人では対応できない場合が多いのです。そういうときは、どうすればいいのですか？」と。

私は、「そういうときにこそ、近くの友だちに助けを求めるのです。たとえば、先生がFさんの肩をトントンと叩いて『ここだよ！』と指さしたあと、Fさんの隣の子に、『ねえ、今度Fさんが困っていたら、いま先生がやったみたいにトントンと肩を叩いて、やる場所を指さしてあげて。たぶんできると思うから、頼むね！』とお願いをしておくのです。これがけっこう効果的で、いままで『ちゃんとやれ！』などと言ってFさんとトラブっていた子たちも、そういう支援の仕方を覚えると、けっこううまく付き合えるようになります。ぜひ一度、まわりの子たちに支援の仕方を教えてみてください」と、子ども同士で支援し合う「関係支援」の具体的方法を伝えました。

その後、まわりの子たちのFへの接し方が少しずつ変わってきて、トラブルも減ってきました。また、Fが友だちや先生から注意されたり叱られたりすることが少なくなり、彼自身がかなり落ち着いて生活できるようになりました。さらに、クラス全体に支持的風土（互いに支え合おうとする人的環境）が高まり、温かいことばが飛び交う、とてもいい雰囲気のクラスに変わっていきました。

◉考察

私は、これまでにFと同じようなタイプの子たちを何人も担任してきました。事例中の「『何を聞いているの！』とか『しっかり聞きなさい！』などと叱っても、あまり効果はないようです」という例示は、実は、私自身の過去の失敗経験です。

その後、発達障がいや特別支援教育に関する書籍や研修会などで学びながら、「カクテルパーティ効果」とか「視覚優位の子には複数の同時刺激が有効」といった知識や技術を得たことが、その後、同じ轍《てつ》を踏まなかった最大の要因です。まさに、フランシス・ベーコンの言う、「知は力なり」です。

このように、個別支援に関する専門的知識や技術が「関係支援」の具体的方策のヒントになる場合が多く、支援者は常に学ぼうとする意欲と自己研鑽《けんさん》が必要であると考えています。

しかし、鯨岡(2002)は、「いま、『こう関われば子どもはこう変わる』式のマニュアルを求める声があり、それに応えるかに見えるマニュアルが大うけする現状があります。そしてそのような動向に拍車をかけるように、専門家養成が目指され、資格を求める動きも強まっています。しかし、だからこそ、私たちは広義の発達臨床、つまり〈共に生きる場〉の〈関係発達臨床〉を考えていかねばならない」と主張しています。つまり、私たち支援者が気をつけなければならないのは、そうしたノウハウばかりに目がいってしまい、肝心の子どもの生の姿や語るに語れない親の思いなどが見えなくなってしまってはいけないということです。

私はいま、特別支援学級担任として通常学級に入り込んで支援学級籍児童への支援をすることがあります。また、生徒指導担当として、担任の要請を受けて気になる児童がいるクラスの様子を見に行くこともあります。そのなかで、話を聞いていないと思われる児童に対して的確な支援をしていると思われる先生方は、残念ながら、あまり多いとはいえません。過去の私がそうであったように、「ちゃんと聞きなさい！」「どこを見ているの！」などと叱られている場面を見かけることが比較的多いのです。

私は内心、「『どこを見ているの』なんて言ったら、ことばどおりに『黒板』とか『廊下』って答えが返ってくる。だから、『いまは発言している○○さんを見なさい』などと具体的に指示しないとダメだよ」とか、「『ちゃんと聞きなさい』の『ちゃんと』という言い方は、抽象的だから理解できない。たとえば、『話している人のほうを見て聞きなさい』というように、次の行動につながる言い方をしないと通じないよ」とか、「いま自分は人のことを客観的に見ているからあれこれと気づくけど、自分も子どもたちに対して無意識のうちにそういう言い方をしているのかもしれない」などと思いながら、先生方の対応を遠巻きに見ています。

しかし、こうした内心の声をストレートに担任に伝えることは、ほとんどできません。担任の依頼を受けてクラスの様子を見に行った場合は比較的話がしやすいのですが、ほかの状況で同じような場面に遭遇したとしても、なかなか話を切り出しにくいのです。言われた相手の心情を察すると、どうしても遠慮が先立ってしまい、指摘できないでいます。

しかしながら、本事例の担任は、特別支援学級の担任である私に直接相談をしてくれたわけですから、私は、自らの学びをシェアできる絶好の機会を得たのです。この担任は、「何とかしたい」というきわめて強い動機をもって私に相談をもちかけています。だから、私の専門的な話を傾聴してくれたし、「通り一遍の指導しかしていませんでした」と謙虚に自らを振り返ることができたのだと思います。また、「そういうかかわりを必要としている子がうちのクラスには数人います。あちこちに行かなければならないので、私一人では対応できない」と日々の悩みの一端を素直に語ってくださったおかげで、私は、友だちをつなぐ「関係支援」についての話がしやすくなりました。さらに、担任が「どうすればいいのでしょう？」という前向きな気持ちでいたため、「関係支援」という私の提案を受け入れ、実践していったものと推察されます。

このような教員自身の学びに対する前向きな姿勢は、必ずや子どもたちの学びへの意欲につながるはずです。逆にいえば、教員に学びへの意欲的な姿勢がない状況のなかでは、子どもたちの学びは成立しないのではないかとさえ思います。実際、本事例のクラスでは、叱ってばかりだった担任がFへの接し方を変え、それを見て学んだまわりの子どもたちも変わってきたことによってトラブルが減り、F自身が落ち着いてきています。さらに、クラス全体の支持的風土が高まり、温かいことばが飛び交うようになったのです。

このように、子ども同士で支援し合う「関係支援」の実践において重要なのは、学級担任の動きです。学級担任には、自らの知識や経験のみに頼って独善に陥ることなく、わからないことがあれば書籍や研修会などをとおして謙虚に学び、何らかの壁に直面したときには一人で抱え込まずに同僚に相談するといった開かれた姿勢が求められています。このような学級担任のもとでは、子どもたち同士の関係が活性化し、互いに支え合うことができるような温かいクラスになることを、Ｆの事例は教えてくれました。

神田橋(2010)は、「車椅子の子に対する援助などは確立していますね。そういう子がいることによって子どもたちの間に温かい気持ちが生まれることはもうわかっています。それは、見えるからでしょう、障がいが。だから発達障がいの子についても、こういうことができない、こういう反応をする、ということを教えてあげなければいけない」と、教員がすべきことに言及しています。そして、発達障がいの子に対して「他の子どもたちを援助に参加させられないか」と提起していますが、これこそが私が論じている「関係支援」という実践です。

第3節　支援者の役割に関する三つの提言

ここまで、保護者や教職員など支援者に焦点を当てた三つの事例を取り上げ、その詳細な分析をとおして、支援者の役割や心構えなどについて論じてきました。そこで重視されていたのは、教職員同士、あるいは教員と保護者の〝つながり〟でした。それぞれがもっている諸情報を共有したり、互いの思いを率直に言い合ったり聴き合ったりするなかで、Ｅへの具体的な支援方法が見えてきたり、Ｆを取り巻く教室の雰囲気が好転したりしました。

このような〝つながり〟は、突然できるものではないと思います。日々の小さな出来事や何らかのとりくみの積み重ねによって、徐々にその強さや太さが増していき、その質も高まっていくものと考えられます。もちろん、プラス方向だけではなく、ときとしてマイナス面に作用することもあるかもしれません。しかし、それも含め、トータルとしてプラスに向かえばいいのではないでしょうか。

村瀬(2012)は、「教育という営み」について論じるなかで、「自立とは独力で頑張るということではなく、その人らしく応分に他者との相互関係を持ち、自分の課題を引き受けて生きていく」ことと述べていますが、私の「応分」な「他者との相互関係」とは何でしょうか。そこで、三事例を総合的に振り返り、それぞれの〝つながり〟を支えたり育てたりしたと思われる私自身の「他者との相互関係」の具体例をあげながら、ここで再考します。

第1項　教職員同士の「つながり」

まずは、教職員同士の日々の〝つながり〟についてですが、その一例をあげると、「できるだけ職員室で仕事をする」ということです。子どものノートやテストの丸つけなどは、教室のほうが集中できるし、効率的です。私も通常学級の担任をしているときは、ある程度の仕事は教室で済ませてから職員室に行くようにしていました。しかしいまは、特別支援学級担任として交流学級の担任と時間割変更などの調整をし、生徒指導担当として各担任と情報交換などをすることも多いので、できるだけ職員室にいて、お互い話がしやすい環境となるよう心がけています。とくに、生徒指導上の諸問題については、報告するにいたらないような些細《ささい》な事例でも、「拝野先生がいるから、一応言っておこうか」と伝えに来てくれたりします。逆に、学年で話し合っている会話が聞こえてきたりすると、私のほうから話題に参加させてもらうこともあります。このように、職員室で常にアンテナを高くして、先生方との日々の〝つながり〟を大切にしています。

第2項　教職員と保護者との「つながり」

一方、教員と保護者との〝つながり〟については、私が通常学級の担任だったころは、「学級通信を定期的に出す」ということでした。その頻度は、さまざまな変遷を経て、現在は〝毎週月曜に一枚〟と決めています。内容は、「トピックス」「教室の風景」「コラム」「お知らせとお願い」の四つです。そのなかで、子どもたちの様子や担任としての思い、教育に関する諸情報などを伝えています。保護者からは、感想が書かれた連絡帳や手紙が届くこともあるし、別件で電話をしたときなどに通信の内容が話題になることもあります。現在は特別支援学級担任なので、保護者とは「連絡ノート」による濃密な〝つながり〟があります。さらに、生徒指導担当としては、「生徒指導だより」を発行し、「いじめ」についての学校の具体的とりくみなどを発信することもあります。

以上のような〝つながり〟(「他者との相互関係」)の蓄積があったから、私に対してEの母親は日々のしんどさの一端を語ってくれたし、Fの学級担任も日々の悩みや疑問などを次々と投げかけてくれたのではないかと考えています。

第3項　支援者の役割

本章のテーマは、支援者の役割です。キッチンタイマーを使って学習に集中できるようになったEですが、留意すべきは、彼の集中力が一〇分から四〇分に伸びたわけではないという点です。一〇分ごとに五分の休憩をきちんと挟むことで、一時間で四〇分も学習できたのです。そういう工夫をすることでEは集中してがんばれたし、母親は叱ることが減り、落ち着いて接することができるようになったのです。

また、話を聴くのが苦手だったFについても、「選択的聴取」の知識や「関係支援」という考え方や支援方法について学んだ担任が、その声かけや接し方を変えていったことが重要なポイントです。もしかすると、F自身の聴く力や集中力そのものが伸びているかもしれません。しかし、Fの事例はその点に着目した個別支援に力点をおいた実践ではありませんでした。これは、田中(2010)が、教師と養育者との連携について論じるなかで、「障害者の基本症状は変化しなくとも、社会生活上の課題が弱まる可能性にかけることが、関係者全員の役割となる」と指摘している点と一致します。

要するに、支援者の役割は、要支援児童の個別発達ばかりに着目するのではなく、子ども同士、子どもと保護者、教職員と保護者、教職員同士など、それぞれの関係が広がったり深まったりする方向での支援を模索することだと考えています。

第4章 「関係支援」の発展

第1節 学級づくりの理論的背景

第1項 行事を核とした学級づくり

第2章で取り上げた四つの事例に先立ち、「問題の所在」を明確にしました。そのひとつが、「他者意識の希薄さ」です。その例として、欠席者の机上に給食を配りながらそれに気づかない班の子たち、隣席の子がハサミを忘れていることに気づかず黙々と自分の課題を進める子の例をあげました。支援学校を経て久々に戻ったX小学校でこうした事態に遭遇し、危機感すら覚えた私は、とにかく周囲に目を向けてほしいと思いました。そして、たとえば、朝の会の「欠席調べ」を大事にし、そのやり取りの実際を紹介しました。また、友だち同士の教え合いのなかで、

「算数、おもしろい」と言うにいたったCの事例では、授業のなかで友だちをつなぐ実践事例のひとつである「教え合い」について、その具体的方法を提示しました。

このように、友だち同士をつなぐ「関係支援」は、日々の具体的なとりくみに支えられています。もちろん、行事や学級会などのイベントを核とした関係づくりも大事です。そうしたイベント（「いざというとき」と言い換えてもいいですが）での関係がスムーズにいくよう、私はとくに、毎日の活動を大切にしています。つまり、日々の活動の延長線上にイベントがあると考えているのです。こういう考え方が、よく言われる「行事を核とした学級づくり」であると、私は理解しています。

イベントのなかだけで「仲間づくり」をしようとしても、トラブルが起こるばかりでうまくいかないことは多々あります。もちろん、そうしたトラブルを機に関係が変わり、深まったりすることもあります。しかし、何らかのイベントがあるたびにトラブルが起こってばかりでは、子どもたちは疲れるだけです。なぜこういう事態が生じてしまうのでしょうか。それは、日々の活動がイベントとリンクしていないからではないでしょうか。かく言う私自身も、そのつながりを意識するまでは、行事や学級会などのイベントを、いわば打ち上げ花火的なその場限りのものとして考えていたため、たくさんの失敗をしてきました。

そのような反省のうえに立ち、授業はもちろんですが、朝の会や終わりの会、係の仕事や宿題集めなど、毎日繰り返される活動のあり方を考えるようになりました。さまざまな試行錯誤を繰り返しながら、とりあえず現在のような形にたどり着きました。もちろん、これが最終形ではないし、子どもたちの声を聴きながら刻々とマイナーチェンジをしています。

さて、それでは、そうした日々の活動とは具体的にどのようなものでしょうか。本章では、それらをひとつずつ具体的に紹介します。それぞれの活動のベースにあるのは、「まわりを見る」という意識です。まわりを見ておかなければ進められないような仕組みを、学校生活のあらゆる場面にちりばめています。

第2項　子どもの権利条約

一方、ここ一〇年ほど、いまさらながらですが、私自身が「**子どもの権利条約**」（**一九九四年批准**）を学習し直し、常に大切にしてきました。とくに意識していたのが、「**子どもの最善の利益**」「**意見表明権**」「**自己決定権**」「**主権者意識**」「**参画**」という、**五つのキーワード**（**理念**）です。どの実践がどのキーワードにつながっているかは、あえて個々に解説はしていません。それは、読者のみなさまにこの理念を念頭に本章を読み進めていただけたらと考えているからです。

とはいえ、私が「子どもの権利条約」をどのようにとらえていたかを伝えておく必要はあると思います。そこで、「第3章第3節第2項」で少しふれた学級通信を抜粋して紹介します。そのコラム欄に、「子どもの権利条約」特集として、七回に分けて書いています。この記事を読んでいただくことで、前述した五つのキーワード（理念）の意味するところがご理解いただけるのではないかと思います。二〇一八年度発行分を、原文のまま紹介します。

子どもの権利条約(1)「概要」

「児童の権利に関する条約（子どもの権利条約）」というのをご存じでしょうか？　これは、子どもの基本的人権を国際的に保障するために定められた条約で、数ある国際条約のなかで、もっとも批准国（批准というのは、「わが国もその条約を取り入れて守ります」という、国家の意志表示のこと）が多いものです。

一九八九年の国連総会において採択され、国際的には一九九〇年に発効しました。日本は一九九四年に批准し、その内容が効力をもつことになりました。それ以来二四年も経《た》つのに、意外と知られていない条約です。学校現場でもしかりです。

前文と、五四条の本文からできています。その本文は、「生きる権利」「守られる権利」「育つ権利」「参加する権利」という四つの柱に分けられます。つまり、子どもの生存、保護、発達、参加という、さまざまな権利を実現または確保するために、必要となる具体的なことがらを細かく定めた条約です。

次回以降、身近な具体例を交えながら、その内容について詳述します。

子どもの権利条約(2)「四つの柱」

1 「生きる権利」……子どもたちは健康に生まれ、安全な水や十分な栄養を得て、健やかに成長する権利をもっています。

2 「守られる権利」……子どもたちは、あらゆる種類の差別や虐待、搾取から守られなければなりません。紛争下の子ども、障がいをもつ子ども、少数民族の子どもなどは特別に守られる権利をもっています。

3 「育つ権利」……子どもたちは教育を受ける権利をもっています。また、休んだり遊んだりすること、さまざまな情報を得、自分の考えや信じることが守られることも、自分らしく成長するためにとても重要です。

4 「参加する権利」……子どもたちは、自分に関係のある事柄について自由に意見を表したり、集まってグループをつくったり、活動することができます。そのときには、家族や地域社会の一員としてルールを守って行動する義務があります。

子どもの権利条約(3)「子どもの最善の利益」(第三条)

今後、条文をいくつか紹介します。まず、第三条。政府訳は次のとおりです。

1　児童に関するすべての措置をとるに当たっては、…（略）…児童の最善の利益が主として考慮されるものとする。

2　締約国は、…（略）…児童の福祉に必要な保護及び養護を確保することを約束し、このため、すべての適当な立法上及び行政上の措置をとる。

3　締約国は、児童の養護又は保護のための施設、役務の提供及び設備が、…（略）…当局の設定した基準に適合することを確保する。

むずかしすぎて、意味がわかりません。そこで、ユニセフは、子どもにもわかるような訳をしています。ユニセフ（UNICEF）とは、「国際連合児童基金」の略称で、世界中の子どもたちのために活動する国際連合のなかの機関です。

ユニセフ訳は、「**子どもに関係のあることを行うときには、子どもにもっともよいことは何かを第一に考えなければなりません**」です。わかりやすいですね〜！

子どもの権利条約（4）**「意見表明権」**（第一二条）

ユニセフ訳は、「**子どもは、自分に関係のあることについて自由に自分の意見を表す権利をもっています。その意見は、子どもの発達に応じて、じゅうぶん考慮されなければなりま**

せん」です。

大人（親や教員）は、子どもたちの成長を願っています。幼いころは、いろんな面で経験が少ないので、いろいろと手をさしのべたり、教えてあげたりしなければいけません。あるいは、大人がお手本を示す必要があります。

問題は、それをいつまで続けるかです。「自分でやる！」と言っているのに、失敗を恐れてやらせない、「これにする！」と決めているのに、「こっちがいいよ！」と大人の基準で選ぶなどのことが、よくあります。自己選択や自己決定が軽視されていませんか？

大人は、子どもの稚拙な選択が、失敗につながることを予測できます。だから制止するのでしょう。でも、失敗は宝です。多くの学びがあります。

子どもたちの声（意見表明）に耳を傾け、最大限に考慮していきたいです。

子どもの権利条約(5)「教育を受ける権利」（第二八条）

「国は、すべての子どもが小学校に行けるようにしなければなりません。さらに上の学校に進みたいときには、みんなにそのチャンスが与えられなければなりません。学校のきまりは、人はだれでも人間として大切にされるという考え方からはずれるものであってはなりません」（ユニセフ訳）

日本国憲法には、日本国民の三大義務として、「勤労」「納税」「教育」を定めています。義務というのは、平たくいえば「しなければならない」ことです。働かなければならないし、税金を納めなければなりません。また、教育を**受けさせなければ**ならないのです。これは、**保護者にとっての義務**であり、「教育を受けなければならない」という子どもの義務ではありません。子どもを主語にすると、「教育を受ける権利」になるわけです。

一方、この条約以降、「男子は丸坊主」といった校則が姿を消していきました。また、「制服の自由化」が、中高の生徒会で議論されたりもしています。

子どもの権利条約（6）「教育の目的」（第二九条）

「教育は、子どもが自分のもっているよい所をのばしていくためのものです。教育によって、子どもが自分も他の人もみんな同じように大切にされるということや、みんなとなかよくすること、みんなの生きている地球の自然の大切さなどを学べるようにしなければなりません」（ユニセフ訳）

五年生の学年テーマは、〝笑顔〟と〝成長〟です。トピックス欄にも書きましたが、初めて班長に立候補できたのは、大きな〝成長〟です。また、今回は勇気が出なくて立候補できなかったり、挙手が少なくて落ちてしまったりしたけれど、それもまた、次への〝成長〟につながる大切なことです。これらすべての経験を自分の力に替え、「**自分のもっているよい所をどんどんのばして**」いきます。失敗経験ほど、変革への力は大きいのです。

私は、彼らの権利を大切にする「権利保障型」教育をめざしています。それは、「完全管理型」の対極にあり、そのあいだには、「レール・シナリオ型」があります。

子どもの権利条約（7／最終回）「戦争からの保護」（第三八条）

「**国は、一五歳にならない子どもを兵士として戦場に連れていってはなりません。また、戦争にまきこまれた子どもを守るために、できることはすべてしなければなりません**」（ユニセフ訳）

こういうことが国際条約に明記されているのは、世界には、一五歳未満の子どもが、何らかのかたちで戦争に参加している現実がある（あった）からです。

日本でも、終戦間近の一九四五年ごろには、徴兵制の年齢に達しない一五歳の志願兵が増えました。片道分の燃料しか入っていない零戦《ぜろせん》に乗り、敵の軍艦に体当たりした特攻隊をはじめ、すべての日本国民は、「〝お国のため〟に命がけで戦うこと」を徹底して教育されました。わずか七〜八〇年ほど前の話です。

この反省を生かし、日本国憲法が制定されました。天皇主権から国民主権へ。そして、その第九条に「戦争放棄」を明記し、軍隊や徴兵制をなくしました。
私たち大人の責任は、子どもたちを絶対に戦争に巻き込ませないことです。

この学級通信は、毎週月曜日、保護者あてに発行しています。毎回、子どもたちの前で読んでから持ち帰らせるようにしていました。「子どもの権利条約」は、人権学習でも取り上げましたが、このコラムを読んでいたころに、子どもたちは、「この条約、もっと早く知りたかった」と言っていました。「知っていたら、あれこれと口うるさいお母さんに、少しは反論できたかも」などと言っていました。たしかに、とても大切な発想だと思います。

さて、このあと紹介する学級づくりについての具体的な各場面で、担任として、「子どもの権利条約」の五つのキーワード（理念）のうち、どれを意識していたのでしょうか。

次の各事例を学級づくりの単なる方法論としてだけではなく、その理論的背景にある「子どもの権利条約」を意識しながら読み進めていただくとうれしいかぎりです。

第2節　学級づくりの実際

第1項　係の仕事と会社活動

◉初めての学級会

新年度が始まる四月、全校生が集合しての始業式が終わると、学年ごとに場所を決めてクラス分けをします。担任と友だちがわかると新教室へ移動です。とりあえず出席番号順に着席し、まずは簡単な自己紹介です。教科書などを配ったあと、学級会をします。

下の写真の乱雑な私の字は、そのときの黒板です。

「明日からさっそく、まさかの給食が始まります」「え〜、早いわ〜！」

「うん、せめて二、三日は午前中で帰りたいよね。ま、でも始まるからしょうがないよ。でね、いろいろと決めておかないと困るよね。どんなことを決めておけばいいかなぁ」と投げかけます。

子どもたち（当時、四年生）からは、係、給食当番、クラブ活動……と、

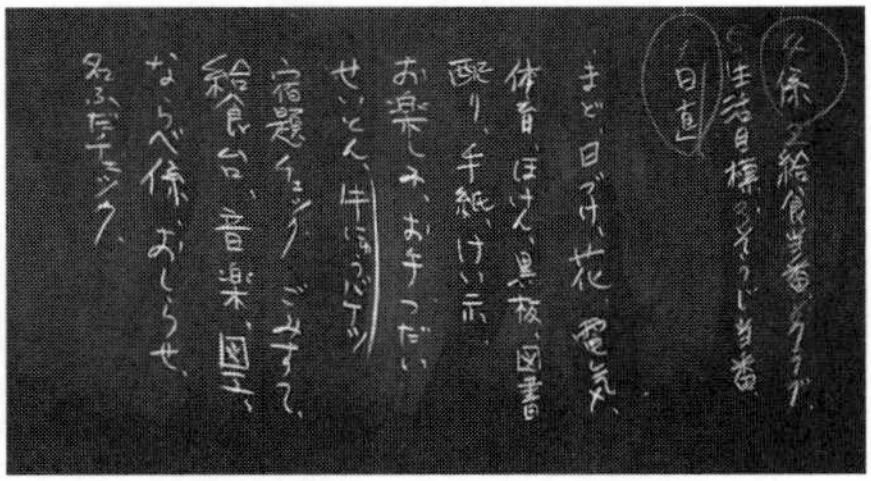

いろいろ出されます。「いや、係より日直が先だ！」「クラブはいつから？　いま決めるの？」などの声が出たので、「何を先にするか、順番はあとで決めよう。まずはいっぱい出して！」と助言しました。

その後、「一番は日直ということだけど、どんな仕事がある？」と言うと、「黒板の日付」や「授業のあいさつ」など、いろいろ出てきました。途中で、「それって日直の仕事ちがうよ！」とか、「給食台は給食当番の仕事では？」などの声が続いたので、「前のクラスのやり方はそれぞれいろいろあったと思う。でもね、今日からは、このクラスのルールをみんなで決めるのだから、とにかくいまは、できるだけ仕事をたくさん出してみて」と再度、介入しました。

最初は座ったまましゃべっていた子たちが、いつの間にか挙手をして発言する子を真似《まね》るようになります。「さすが、四年生！」とほめると、次第に学級会らしくなってきます。「『おしらせ』って何ですか？」という質問が出て、丁寧に説明する子がいます。また、「『お手伝い』って係、先生、必要ですか？」と私に尋ねるなど、初日からがんばる子どもたちです。

◉翌日の話し合い

とりあえず初日はそこまでにして、黒板を写真で記録しておきます。翌日、次頁の表を貼ります。そして、「昨日の黒板を整理したら、大きく分けて四つの係になったよ。これを班のなかで分担し合って係を決めましょう。四人班は各係一人だけど、五人以上の班は班長以外のどこかを二人にしてみて。全体で人数を見て調整するから、とりあえず決めてみて！」と伝えます。

「班で分担するってどういうこと？」という質問が必ず出ます。初めてのやり方に戸惑う子どもたちに、私は、「四年生では一泊二日の転地学習があるよね。そのとき、班のなかに班長や食事係などの係がいて、それぞれの仕事を分担するのだよ。だから、それまでにこのスタイルに慣れておくためだよ」と説明をします。さらに、「転地学習の当日までに、各係が集まる係会議っていうのもあるから、それもいまのうちにやっておくのだよ」と話します。

係の仕事

	班長《はんちょう》 各はん1名	集配《しゅうはい》 各はん1名	学習《がくしゅう》 各はん1～2名	教室《きょうしつ》 各はん1～2名
仕事内容	・名札《なふだ》調《しら》べ (つけてる？もどしてる？) ・欠席《けっせき》理由《りゆう》 (朝の会までに先生にきく) ・連絡《れんらく》カード (朝のうちにとっておく) ・当番《とうばん》決《き》め (日直・そうじ・給食) ・水筒《すいとう》かご (帰る前、のこってない？) ・学級会《がっきゅうかい》 (司会・黒板・ノート)	・宿題《しゅくだい》集《あつ》め (朝学習までに) ・配《くば》る (かごにある物は、すべて) ・手紙《てがみ》ボックス (朝・業間・昼休み) ・保健《ほけん》カード (8:45までに保健室へ)	・体育《たいいく》 (かぎ・たいそう・用具) ・専科《せんか》/音《おん》,図《ず》 (連らく用紙・バッグのはこ) ・国語《こくご》 (小テスト・習字) ・図書《としょ》 (カード・バッグのたな)	・黒板《こくばん》 (授業のあと、すぐに！) ・まど、カーテン (朝・帰り・教室をはなれる時) ・電気《でんき》,ぞうきん (朝・帰り・教室をはなれる時) ・掲示《けいじ》 (かごの中の物をはる) ・整理《せいり》・整《せい》とん (机・いす・本など)

◉係のやり方を変えた経緯

少し強引な進め方ですが、これは教師主導でないと子どもたちからは出てきません。そういう経験をしていないから、当然だと思います。以前、かなり時間をかけて学級会をしたことが何度かありましたが、結局、無理でした。以来、この部分は私が進めるようにしています。

そもそも、私がこういうやり方をするようになったのには、明確な理由があります。端的にいえば、宿泊行事のときだけ係を班で分け合っても、ふだんから経験がないのだからうまくいかないと考えたからです。だから、ふだんの学校生活からこの形にしてみました。

といっても、三十数年前の初任のころからやっていたわけではありません。昨今の「他者意識の希薄さ」についてはすでに述べましたが、ここ数年、とくにそれを強く感じるようになってきたからです。より具体的には、特別支援学校を経て、久しぶりにX小学校に戻った二〇〇五年ごろのことです。小学校は約一〇年のブランクがあったからか、私は当時の小学生の子どもたちに少しばかり戸惑いを感じていました。それが、何度も述べている「他者意識の希薄さ」です。さまざまな場面で、自分のことに精いっぱいで、まわりが見えていないと思われる子どもたちの姿が気になりました。とくに、久しぶりの一泊二日の転地学習では、係活動がぜんぜんうまくいきませんでした。自分の係の仕事が終わればそれまで、ほかの係を手伝うという姿がほとんど見られないのです。これには驚きました。最初のうちは子どもたちを叱ることが多かったのですが、よく考えれば、そういう経験がないからではないかと思うようになりました。

その後、教室での係活動を、宿泊行事と同じように、班のなかで分け合う方式に変えました。

◉係会議

話を戻します。係分担の一覧表を見ながら各班で係が決まると、人数の偏りがないように全体で調整します。その後、係ごとに集まって係会議をします。

下の紙はその一部ですが、まず、メンバーと仕事内容を確認します。その後、仕事の分担を決めます。（　）内の人数はそのときに集まった係の人数によって変動しますが、子どもたちが微調整しています。

この係会議は自主的に集まる係もありますが、そうでない係もあるので、学級会や朝学習などの時間に実施することが多いのです。それまでの反省と、今後の目標などを決めます。

◉会社活動

「係」という言い方ですが、私のクラスでは当番的な活動を「係」と呼んでいます。これとは違い、子どもたちから「月に一回、牛乳で乾杯するお誕生日会がしたい」「学級新聞が書きたい」などの要望が出

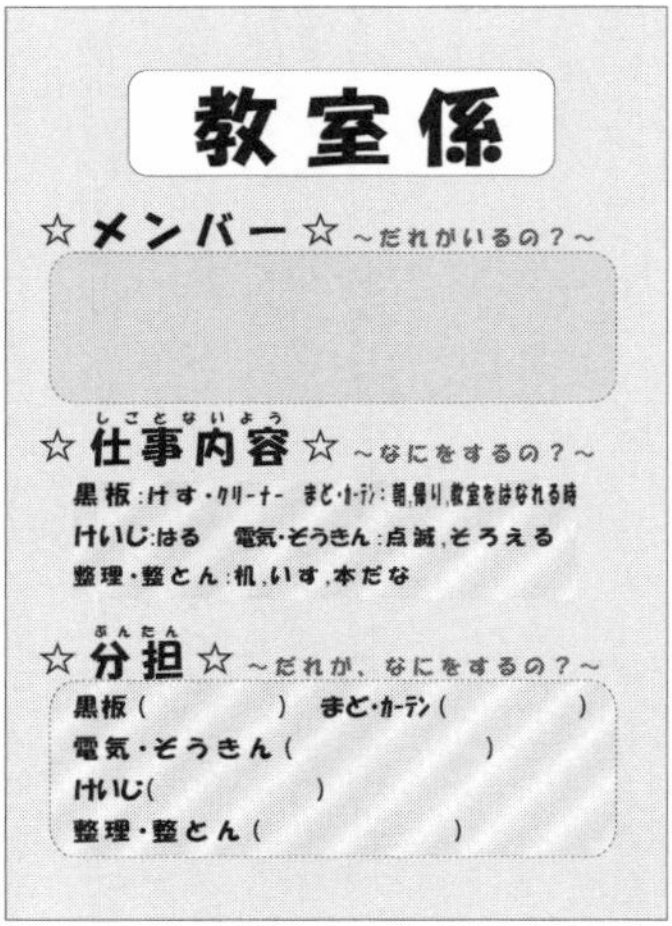

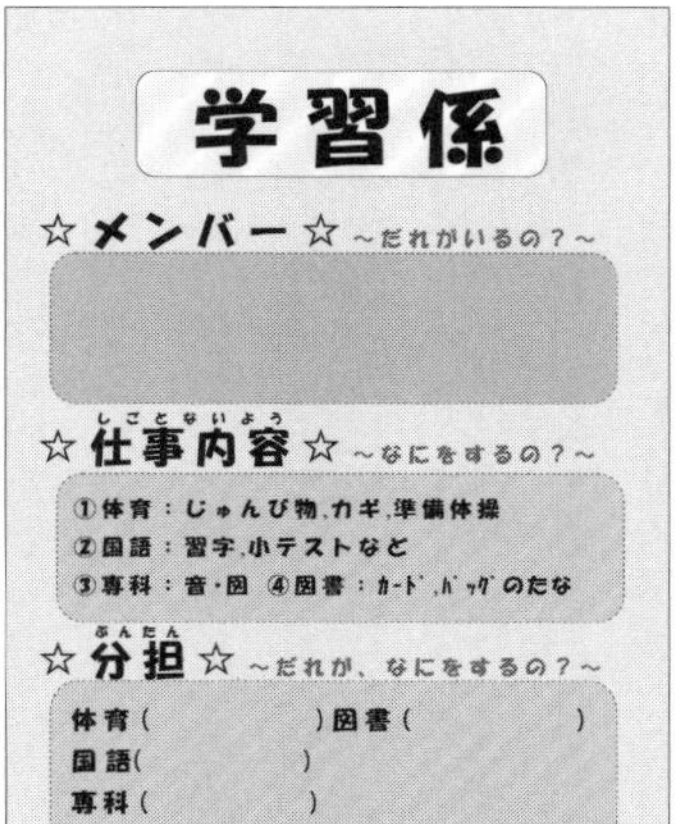

されます。このような自発的、創造的な活動を「会社」と呼び、当番的な「係」とは区別しています。「お誕生日会社」「学級新聞社」などを自由に組織して、楽しそうにやっています。入社退社や複数社への所属などの自由は、常に保障されています。

第2項　日直の仕事

◉班で一週間の理由

始業式後の学級会で出された意見は、「係の仕事」として四つに分け、各班で分担しました。そのときに出た「黒板の日付」や「給食台」に加え、その後、話し合って出てきた「授業のあいさつ」や「朝（終わり）の会」などを「日直の仕事」として集約した用紙を子どもたちに見せます（下の写真）。

日直は名前順に二人でなく、班で一週間にします（週直かな?）。やり方は各班に任せています。曜日ごとに二人ずつ決めている班、当日の仕事を輪番制にして二人ずつ回している班などさまざまです。ほかの班を見て、試行錯誤しています。言い争いになり、ジャンケンで決めている班もあったりします。

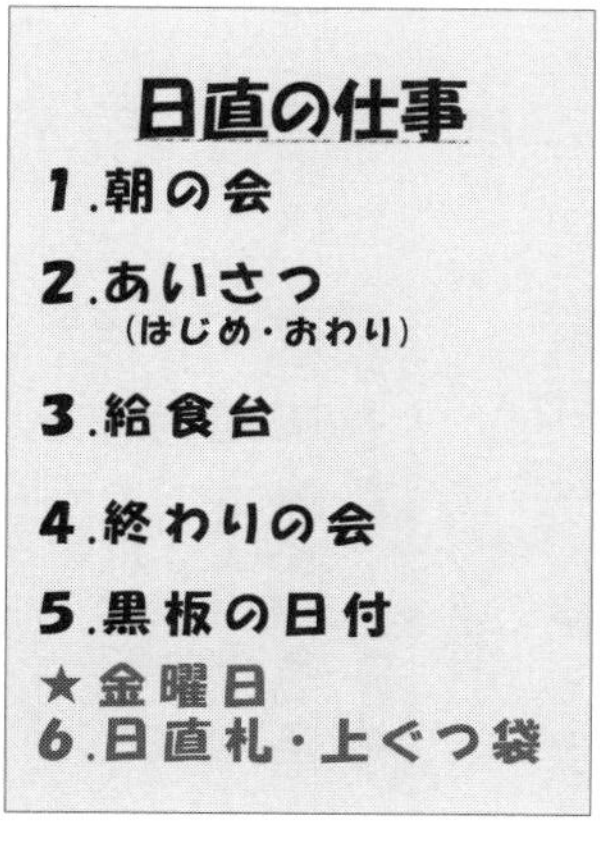

実は、これが私のねらいなのです。名前順に二人決めたほうがスムーズだし、トラブルも減ります。何も考えなくていい子どもたちは気楽です。担任のストレスも減ります。しかし、あえて話し合わざるをえない状況をつくっているのです。もめ事は想定の範囲内だし、それをとおして「他者意識」を高めたいと考えているからです。

一方、日直が司会をする「朝の会」と「終わりの会」も、その内容は学級会で話し合って決めます。そのタイトルは下の写真のとおりです。

このあと、朝の会から順に、内容を紹介していきます。

第3項　欠席調べ（名札チェック）と連絡用紙

まず、「欠席調べ（名札チェック）」ですが、クラスの子がいるのかいないのか、いないのなら欠席か遅刻か、理由は何かなど、まず何よりもこのことはとても大事なことです。

この「欠席調べ」に先立ってする班長の仕事が、名札チェックです。名札は学校置きで、登校したら自分でつけ、下校前に所定の場所に返します。その場所ですが、私は班ごとのケースを用意し、そこに入れさせています（次頁の右の写真の下段）。

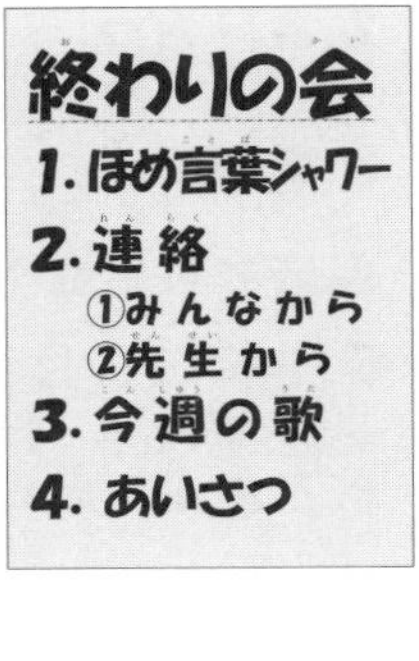

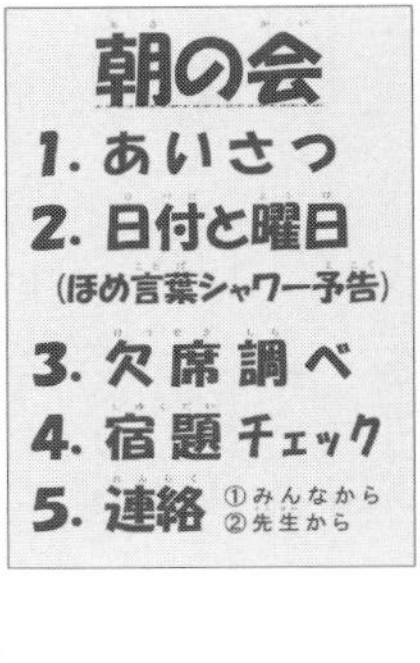

欠席者は、ランドセルの有無などでもわかりますが、基本的には名札の有無で班長に確認させます。これも、常に班のメンバーを意識するための方法です。欠席者がわかると、所定の場所に置いてある連絡用紙を班長が取りに行きます（下の左の写真）。

これは、欠席や早退の子に班長が書いて、きょうだいや近所の子が届けます。右下にあるメンバーからの「メッセージ」を楽しみにしている子が多いのです。時々、「家の用事で休みです」と朝の会で報告している子に、「早く元気になってね」などと書いている子がいたら、最後に私がメッセージを書く際、修正させます。

この連絡用紙も他者意識を高めるための重要なツールです。

第4項　宿題集め

◉班ごとに集める

宿題も班で集めます。ここでは、各班の集配係が活躍します。登校して朝の用意をするとき

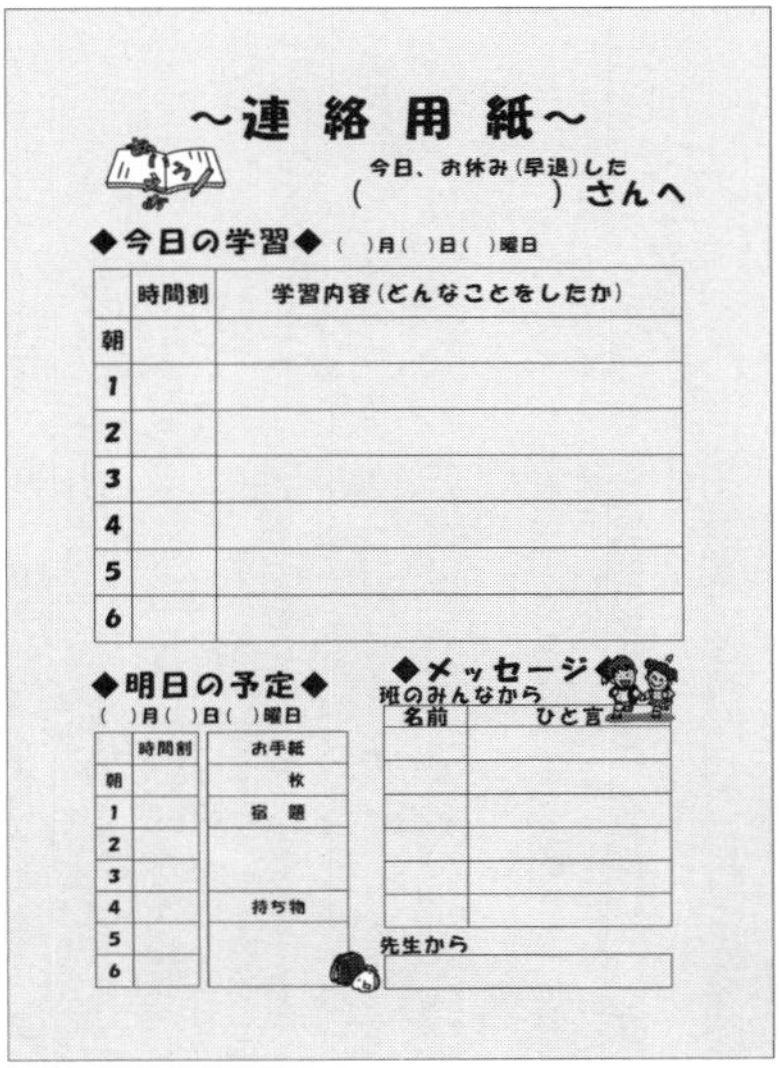

～連絡用紙～

今日、お休み（早退）した
（　　　　　）さんへ

◆今日の学習◆（　）月（　）日（　）曜日

	時間割	学習内容（どんなことをしたか）
朝		
1		
2		
3		
4		
5		
6		

◆明日の予定◆
（　）月（　）日（　）曜日

	時間割	お手紙
朝		枚
1		宿　題
2		
3		
4		持ち物
5		
6		

◆メッセージ
班のみんなから

名前	ひと言

先生から

に、各自が宿題をランドセルから出します。放送やあいさつの当番、遊びに行くなどの理由で教室を離れるときは、自分の机の上に宿題を置いてから出ていきます。

集配係は、机上に置かれた班員の宿題を種類ごとに集め、所定のかごや箱に入れに行きます（下の写真の右）。その日に提出するかごや箱は、私が事前に（主に前日のうちに）準備しておきます。

かごなどに入れたら、集配係は下のチェック用紙に記録をします（下の写真の左）。この用紙は、縦に一〜六班、横に提出する宿題が書いてあります。写真では、漢字ドリル、計算ドリル、自主学習の三つの欄があります。集配係は、班全員が出せたら○を三つ書いて終了です。だれかが何かを忘れていたら、その子の名前を枠内に記入します。これを、朝の会の「4. 宿題チェック」のときに日直の一人がチェックし、空欄があれば、該当班の集配係に渡して追記させます。

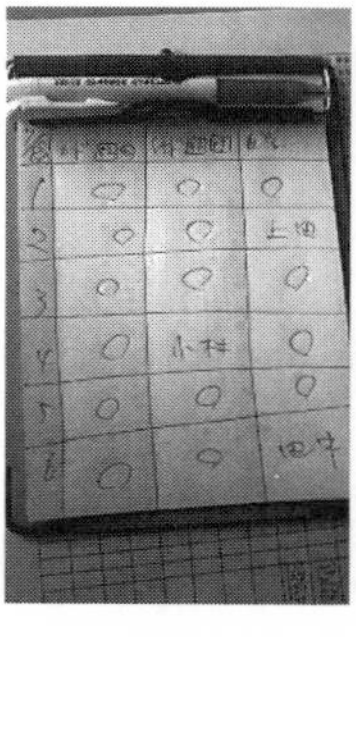

◉なぜ個人ではなく班にするのか

「他者意識の希薄さ」に危機感を覚えるまでは、宿題を入れる場所は右の写真と同じですが、提出するのは個人でした。それでとくに問題はなかったし、長年そのやり方を続けていました。しかし、宿題を忘れる子は、理由の違いはあるにせよ、毎年数人います。個別に呼んで、休み時間などにやらせたり、翌日持ってくるよう約束したり、あれこれと試行錯誤しています。

しかし、これがなかなかむずかしいのです。そんなある日、毎日のように宿題を忘れる子に、仲良しの友だちが休み時間の遊びに誘いました。彼が、「おれ、宿題あるから」と断ると、「ちゃんとやってこいよ！　そうしたら、一緒に遊べるのに！」と声をかけました。なんと翌日、彼は宿題をやってきたのです。そして、友だちと喜々として遊びに行っていました。

友だち同士の何気ないやり取りでしたが、私は「これだ！」と思いました。つまり、「私が口やかましく言うより、友だちのことばのほうが効果的かもしれない」という気づきが、宿題チェックを班でやる方法に変えさせた転換点でした。そういえば、それまでにも何度か、「子どもって、教員より友だちの言うことをよく聞くなぁ」と思ったことがありました。しかし残念ながら、それがさまざまな学級づくりに生かされることが当時はありませんでした。

いずれにせよ、この方法に変えてから、「○○さん、三日連続だよ。明日は持ってきてね」「ごめん。明日は絶対やってくるわ！」などという会話が聞こえるようになり、宿題忘れが激減しました。もちろん、すべてがうまくいったわけではなく、「ちゃんとやってこいよ！」と命令的に言われ、トラブルになることもありました。しかし、それこそがねらいなのです。個人で提出させていたときにはトラブルは起こらなかったし、友だち同士が絡むことさえなかったのです。こうした事態をどう考えるかですが、私は「トラブルを糧に」とか「失敗から学ぶ」というのを大切にしていたので、「宿題を班で集める」という方法に変えたわけです。

第5項　班編成と机の並べ方

◉生活班と学習班

これまでの「係」「日直」「欠席調べ」「宿題集め」、また、このあとに紹介する「当番（給食・清掃）」と「班長立候補制」は、すべて下の図のような六班編成の生活班の活動です。図では、一班六人で最大三六人ですから、それを超える人数の場合は、少し窮屈ですが七人班を必要数だけつくり、原則として六班編成を維持するようにします。

というのは、日直が班ごとに一週間ですから六週間で席替えになり、あとで紹介する給食当番と掃除当番もこれに連動して六週間で一巡にしているからです。

また、給食もこの生活班の形で食べています。

一方、学習班は四人を超えないように編成します。

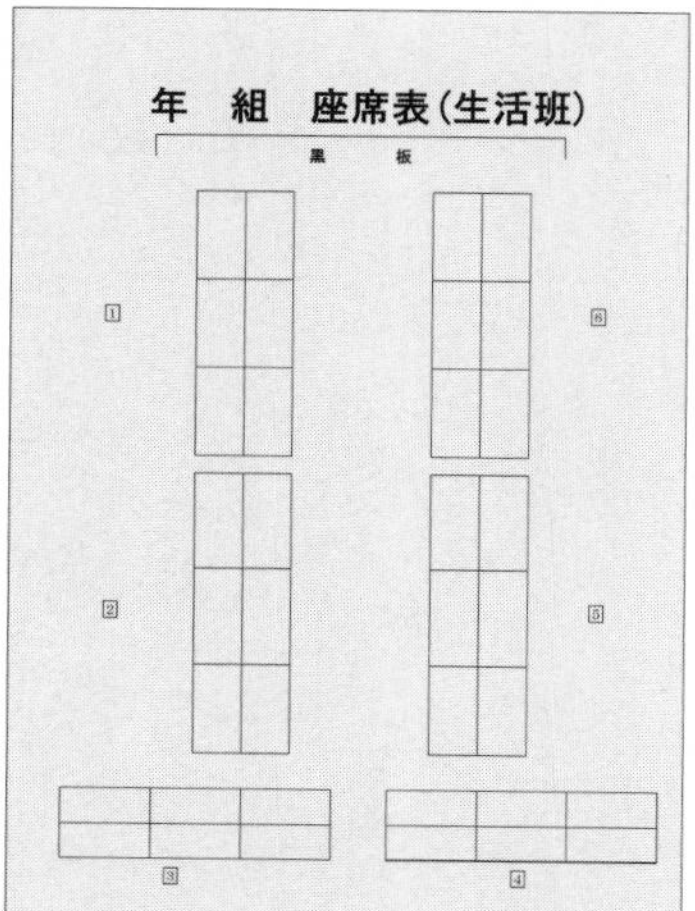

下図では、四人班が九つの九班編成になっています。三六人を超える場合は、一〇班編成にします。これは、「四人を超えない」という原則に従うので、生活班のように六班編成を維持するのではなく、班の数を増やして調整します（たとえば三八人なら、四人×八班＋三人×二班）。

これは、五人だと席をどのように並べてもバランスが悪く席の遠近が生じますが、四人だと比較的均等に話が聴き合えるからです。また、全員が順番に発言する場合、一人当たりの時間も少し長く取れます。

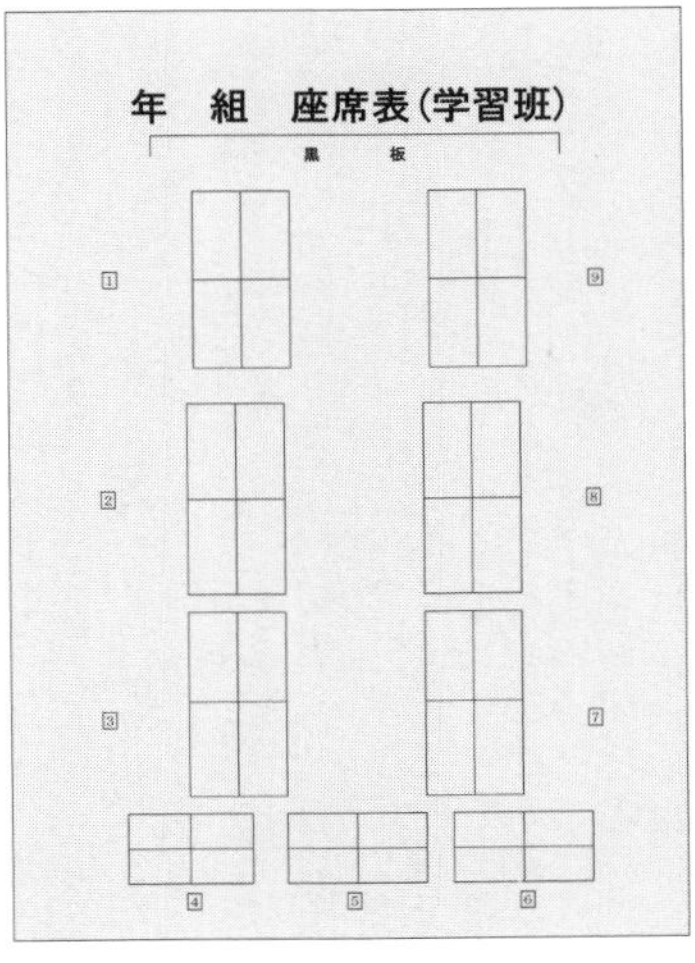

第6項　当番活動（給食・清掃）

◉給食当番

給食当番は、二つの生活班でやります。次頁の写真では、四班が「ぱん・ごはん」「牛乳・ストロー」「食器（大）」、三班が「食器（小）」「おかず（大）」「おかず（小）・デザート」の各三種類を担当しています。

毎週月曜に担当するペアを決め、矢印の向きに毎日ローテーションをします。五人班や欠席などでペアが組めないときは、基本的には班のなかで調整しますが、「デザート」や「食器（小）」がない日もあるので、ほかの班が助けたりしています。毎日、臨機応変に動いています。

とても複雑なやり方で、慣れるまでは何かとトラブルも多いのですが、そのつど微調整をする必要があるので、周囲を見る意識は確実に育っていきます。次第にトラブルは減り、「ちょっと手伝って」という声に気持ちよく答える子が増えてきます。また、「手伝おうか？」と言われて「ありがとう。助かるわ！」という声も聞こえ、微笑《ほほえ》ましいものです。

日直が一班からスタートするので、給食当番は五、六班スタートです。給食台を出す仕事が日直なので、重なりがないようにするためです。五、六班の次は三、四班、次は一、二班と交代し、三週間で一巡します。次の三週間は、上下の班を入れ替えて六、五班→四、三班→二、一班の順にします。これで、六週間で当番が二周し、日直と連動して一クールが終わります。

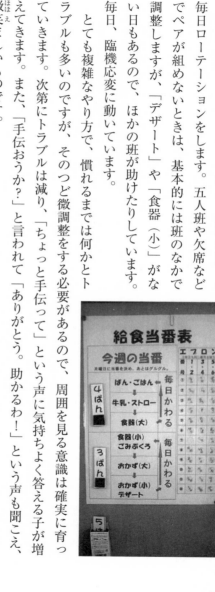

◉掃除当番

これは、年度初めにクラスに割り当てられた清掃場所を、私のほうで生活班の六班で分担できるよう、六分割した表をつくります（下の写真）。

そのなかでの細かい分担は、各班のなかで話し合って決めます。たとえば、教室なら「ほうき・ごみ」と「水拭き」を日替わりで交代しています。また、「ろうか・手洗い場」の班は、場所が離れているうえに人数のバランスも考えなければならないので、そのつど話し合っています。

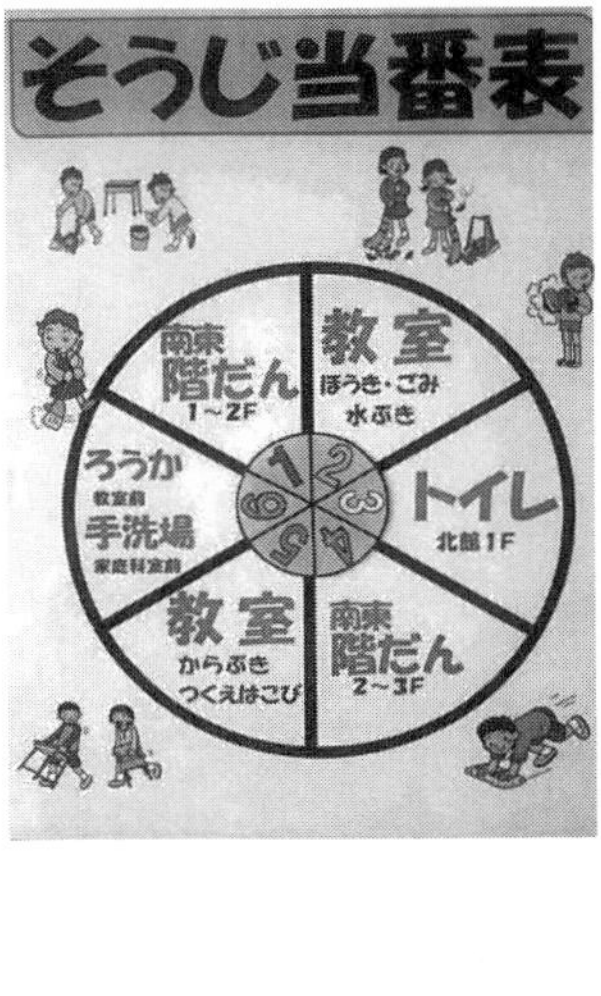

日直の仕事分担の項でも書きましたが、ある程度の自由度をもたせておいたほうが、話し合いの機会が増え、つながりは確実に深まります。

第7項　班長立候補制

◉互選から立候補制へ

「第1項　係の仕事と会社活動」で述べたように、私のクラスでは、「班長」は「集配」「学習」「教室」と同列で、「係」のひとつです。だから、年度当初に班が決まったあと、班ごとに係を決める際に、班のなかで互選しています。その後、六週間活動すると、それぞれの係が何をするのかが、おおむねわかってきます。とりわけ、班長は、欠席者の確認や当番決め、頻回な話し合いのリードなど、けっこう忙しく、重要なポストであることがわかります。とくに、この六週間のなかで転地学習や自然学校などの宿泊行事があると、その重責はいっそう際立ってきます。

二度目の席替えについて話し合う学級会では、まず、六週間の振り返りをします。すると、「うちの班は何かを決めたりするとき、お互いに譲り合って前に進まないことがよくありました。自分にも責任はあるとは思いますが、リーダーシップをとれる子がいないと、なかなか班がまとまらなかったです」という意見が出ます。一方で、「うちの班はそういう子が何人かいて、意見がぶつかって逆にまとまりにくかったです」という意見もあります。

「で、どうする?」と問うと、「班長を先に決めたほうがいいと思います」という流れに、必ずなります。これを四月当初から私が先導して進めることもできますが、あえて六週間やらせます。それは、経験をとおして、班長の大事さや先に決める必要性に気づいてほしいからです。数年来この方法でやってきましたが、どのクラスでも、ほぼ同じ流れになります。

◉班長立候補制の導入

先に決める班長ですが、私はまず、「やってみたい人、どのくらいいる? ちょっと手を挙げてみてくれない？」と尋ねてみます。「けっこう多いね（ちょっと少ないか）。ま、とりあえず、前に出てくれるかな？」と言って横一列に並ばせます。六班編成ですから、必要数は六人です。前に並んだ子たちを見ながら、座っている友だちに対して、「○○やれば？　責任感あるし」などと言う子が必ずいます。私が、「推薦じゃないよ。人のことはいいから、自分で決めようよ」と言うと、「おれはどうせ無理やから」などと言っています。

六人に満たないときは、「班長をやる前から『自分は無理』なんて言わないで、やってみようよ！　何事も経験だよ。仕事が多くてしんどいかもしれないけど、いろいろ学べるよ！」などと誘ってみます。「よし、やるか！」と決意して前に出た子に、拍手が送られることもあります。ちょうど六人になったら、「そろった！」という声が上がり、それ以上誘っても出てくる子は少なく、ここで終了となることが多いのです。

高学年になるほど立候補は出にくいのですが、四年生あたりだと一〇人ほど出ることがありま す。そういうときは、「さて、どうしようか？」と問い、決め方を話し合います。「決意とかを一人ずつ話したあと、投票したらいいです」「投票は時間がかかるので、目をつぶって手を挙げるほうがいいです」「ジャンケンが公平だと思います」など、いろいろな意見が出ます。さらに、「決意などを言うと上手に話せる子が有利だし、それはないほうがいいです」「投票や目をつぶって手を挙げるやり方だと、だれが入れたかわからないし、不安だからいやです」「いまの意見にだれに支持されたかを知りたいか否かで、議論は盛り上がります。

反対です。私は、だれが入れたかわかるほうがいやです」など、議論は白熱してきます。とくに、

◉支持者がわかる挙手制で

結局なかなか決まらず、私が介入することが多いのです。私は、「こういう話し合いができるのは、さすが高学年だね。前に話したように、多数決は最終手段だからね。すぐに多数決をせずに、こうして意見を出し合うのが大事だよ。でも、決まりそうにないので、ここからは先生が進めるね」と前置きをして、次のような話をします。

「みんな、わりと友だちの言動を見ているよね。言うばっかりで行動が伴わないとか、やることは黙々と責任をもってやるとか、先生がいるときといないときとではぜんぜん態度が違うとか……。班長を選ぶとき、その場で上手に決意なんかを話すことより、そういう日々の言動が投票や挙手につながると思う。もちろん、人前でしっかり話せる力は大事だけどね。さて、ということで、決意を話すのはなしにして、日々の言動を思い出して、投票か挙手にしませんか。でね、さっきの議論を聞いていると、だれが支持してくれたかを『知りたい』という声が少しだけ多かったし、先生もそのほうがいいと思う。でも、投票だとだれが自分を支持してくれたかわからないので、挙手にしようかと思う。目をつぶったりしないでね。どう?」と……。教室は少しざ

わめきます。

このあと、立候補者がその現実を見つめることの大切さを話します。一方、そうすることで、みんなが友だちの言動をしっかり見るようになるというメリットも伝えます。そして、次のように続けます。「ただね、まわりの様子を見て挙げるのはだめ。『○○さん、どうぞ！』でサッと手を挙げる。遅れるとか手を下ろすのは無効ね。しっかり手を挙げて、『ぼくは君を支持するよ』という意思を相手の目を見て伝える。目を開けて挙手するのには、そういう意味もあるかな。つまり、自分の挙手に責任をもつということ。目をつぶると、そのあたりが曖昧になるよね。でもね、『いやいや、それは無理。自信がない』とか、『やっぱりそういう現実は見たくない』という人は、席に戻っていいからね」と。すると、一、二人、戻る子がいます。でも、「やっぱり気になるわ。支持率が知りたい」とか言って、また前に出る子もいます。なかには、「おれもやってみる」と新たに出てくる子もいたりします。うれしいことです。

着席の確認をしたあと、「この子が自分の班の班長だったらいいなと思う人に挙手をします。個人的な好き嫌いや人気投票ではありません。さっき話したような、日々の具体的な言動を思い出して、責任をもって手を挙げましょう。相手の目を見てね」と話し、少し考える時間をとります。「何回挙げますか？」「六人選ぶから六回ですか？」という質問が出ますが、これには、「自分の班の班長だといいなと思えば、何人でもいいです」と答え、「もちろん、前にいる立候補者たちも挙手してくださいね。当然、自分自身にも手を挙げていいですよ」と補足します。そして、「半数も手が挙がらなかった人は、残念ながら席に戻ってもらいますね。大丈夫かな。席に戻るなら、これが最後だよ」と言って、着席の最終確認をします。

実際にやってみると、明らかに挙手が少なかった子は、悔しそうに自分から着席します。笑ってごまかしながら席に戻る子もいます。微妙な人数のときは数えますが、ざっと見渡すと、ほぼ確定します。席に戻った子たちには、「今回は残念だったけど、友だちによると何かが足りなかったみたいだね。それが何かをじっくり考えて、わかったらそれを改善するために次の六週間を過ごそうね。そして、ぜひ再チャレンジしてほしいな」と伝えます。

◉なぜ、支持者がわかる挙手制にするのか

とても厳しいやり方だし、一歩間違えたら人気投票のようになってしまいますが、「他者意識の希薄さ」を解消する手立てとして、私は数年来、このやり方を子どもたちに提案し、採用されてきました。子どもたちのほうも、しっかりと責任をもってとりくむようになります。

この班長立候補制を実施したあと、子どもたちの言動を見ていると、たとえば、宿題忘れが多かった子が、忘れないようにがんばる姿が見られることがあります。また、友だちに対することば遣いが乱暴だった子が、少し意識して話すようになったりもします。そういう姿を目にすると、

とてもうれしくなります。もちろん、なかにはそうした努力が続かず、「どうせおれは……」なんて言う子もいますが、そういう子たちとは丁寧に話し合います。一方、努力は続かないのですが、とりあえず再チャレンジだけする子もいます。そういう子は、なかなか選ばれませんが、何度も落ちて、最後の最後に選ばれて泣きながら喜ぶ姿を見たこともあります。

このように、班長立候補制があることで、友だちの言動を互いに丁寧に見ていこうとする意欲が育ち、希薄だった他者意識は確実に高まり、他者を意識した姿が見えてくるのです。

第8項 「ほめ言葉シャワー」と「発見カード」

◉ほめ言葉シャワー

年度当初の学級会で「終わりの会」の内容を考えますが（「第2項 日直の仕事」写真参照）、その際、「今日のキラキラさん」とか、「今日の一番星さん」など、その日に活躍した人や出来事などを発表したいという意見が出てきます。理由を尋ねると、「前のクラスでやっていて楽しかった」とか、「みんなが笑顔になって、気持ちよく帰れる」などと教えてくれます。

そこで私は、「ほめ言葉シャワー」を紹介します。子どもたちには、「一日に一人、だれかを決めて、ほめ言葉をシャワーのように全員で浴びせます。みんなが笑顔になるのは同じかな」などと説明しています。これは、北九州市の公立小学校教員を数年前に退職され、現在は全国で講演活動などをされている菊池省三先生の実践です。菊池先生には失礼ですが、私はそのエッセンスを大きくは変えずに、自分なりに少しアレンジしてとりくんでいます。

「朝の会」のメニューに、「2.日付と曜日（ほめ言葉シャワー予告）」というのがあります。日直が「今日のほめ言葉シャワーは、○○さんです」と、イラストを見ながら予告します（下の写真）。このイラストは、年度当初の朝学習などの時間に描いてもらいます。ラミネート加工して一人ずつカットしたもの（A4サイズを四分割）を、名前順に並べてケースに入れておきます。朝の会で予告された子の言動を、その日は注意深く見るのです。

「終わりの会」が始まると、日直が「ほめ言葉シャワーです。○○さん、どうぞ！」と言って席に戻ると、その子が前に立ちます。発言順は、一班（黒い星）から六班まで内回り（反時計回り）で半周し、六班（白い星）から一班へ外回り（時計回り）すると一周します（下図参照）。スタート班は、公平に日替わりです。翌日は二班から始まり一班まで、その翌日は三班ス

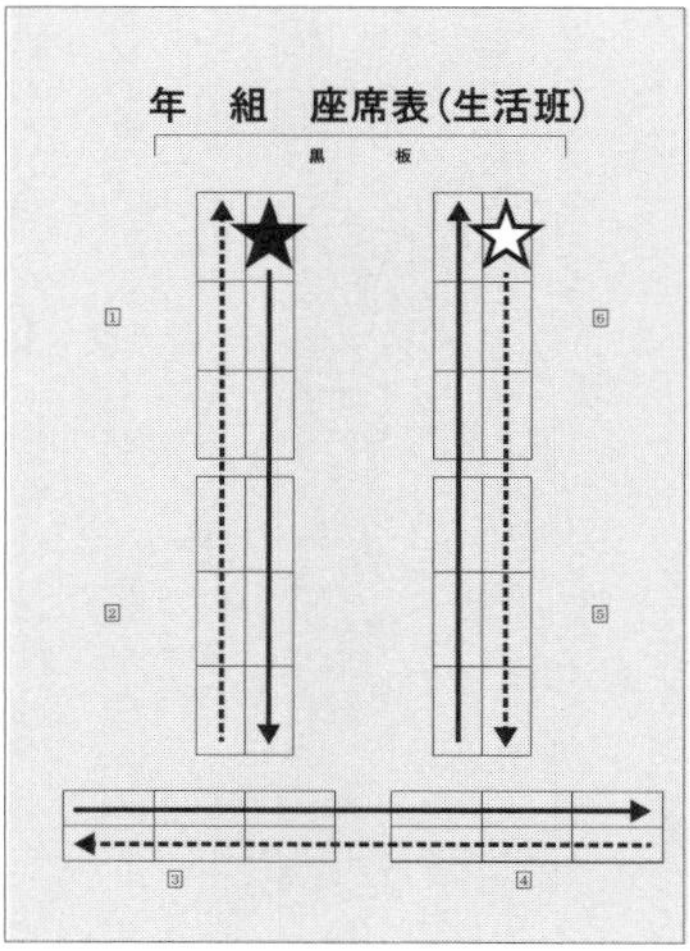

タートで二班まで……（以下略）となります。

最初のうちは、「野球が上手で、すごいと思います」とか、「いつもノートの字がきれいでいいなと思います。私も見習いたいです」など、その日のことでない発言も多いのですが、大目に見るようにします。時々、「今日の国語の時間、何度も手を挙げていたのがすごいです」とか、「掃除のとき、おしゃべりをせずに黙々とやっていたので、えらいと思います」などとその日のことを言うので、私は「朝の会の予告をしっかり聞いて、よく見ていたね。そういう発言いいね！」と誉《ほ》めます。そうすると、次第に発言の質が向上してきます。言うに事欠いて、「今日の服、すてきだね」とか「いつもかっこいいね」などの適当な発言もありますが、誉められて嫌な子はいないのでOKにしています。思いつかない子は、「あとにしてください」と言って、全員が回ったあとに再度、発言の機会があります。だれかと同じようなことを言うことも多いのですが、これもOKです。

全員が言い終わると、私が「どうだった？」と尋ねます。すると、「～について誉められたのがうれしかったです。ありがとうございました」などと言い、自然と拍手が起こります。何度かやると、私が介入しなくても勝手に進めています。教室には、笑顔があふれます。

◉発見カード

「ほめ言葉シャワー」は一日一人なので、ほかの子たちの優れた言動を発表する機会がありません。そこでとりくんでいるのが「発見カード」です（下の写真）。これも、友だちの言動を互いに見合うためのツールのひとつとして、「ほめ言葉シャワー」より前からやっていたものです。

その用紙のリード文には、「**言われてうれしかった言葉、元気になった言葉、してもらってうれしかったこと、助かったこと、そんなこと、ありませんか？ 自分自身のことでなくても、あなたが見たことでもいいです。そんな話、聞かせてください！**」と書いてあります。この用紙は、教室後方のロッカーの上にあるレターケースに入っています（下の写真）。

子どもたちは、友だちのいいところを見つけると、この紙を取りに行き、自由に書いていています。たとえば、「今日、〇〇さんが、授業の初めのとき、『机を前向きにしよう！』とみんなに声をかけてくれました。すごいと思いました」とか、「今日の給食中、〇〇さ

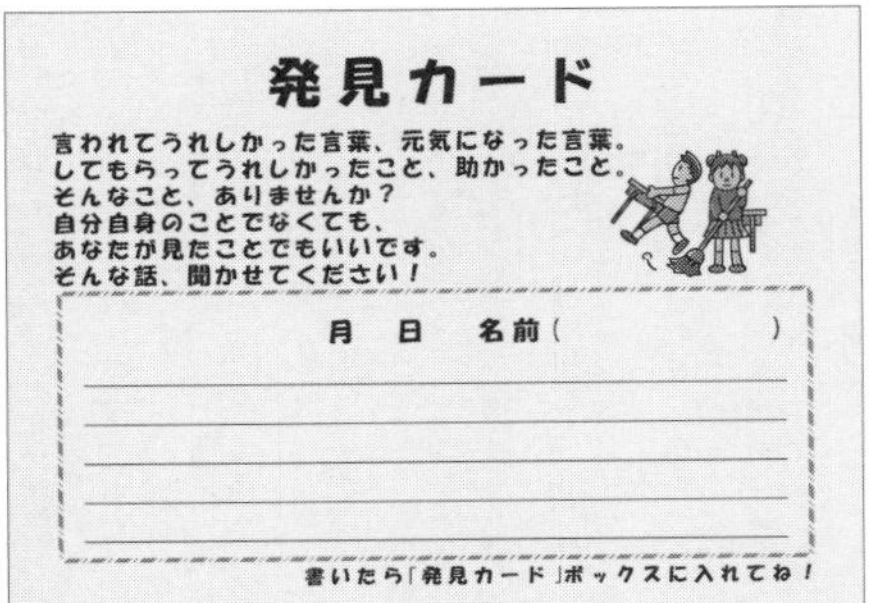

発見カード

月　日　名前（　　　　　）
書いたら「発見カード」ボックスに入れてね！

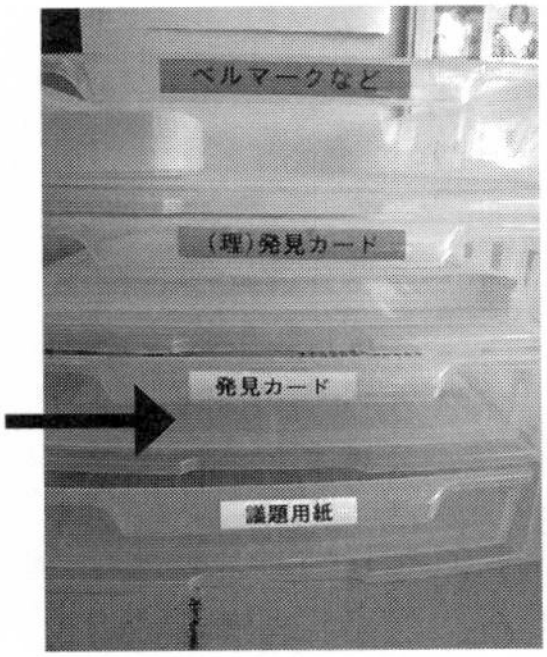

んが、班のみんなに掃除の分担を確認していました。同じ班長の私も、見習いたいです」というように、友だちの優れた言動が書かれています。

書いた紙は、木製の状差しの下のほうに入れます（下の写真）。「開封は私だけで、子どもたちは勝手に見ない」という約束があります。約束が破られたことは、いまのところありません。

「終わりの会」の「2.連絡　②先生から」というコーナーで、その日に入っていた用紙を私が読み上げます。読み終わると、自然と拍手が起こります。そして、その用紙をその子に渡します。どの子もとてもうれしそうです。「やったぁ〜、初めてもらった！」などと叫び、帰宅後すぐ母親に見せている子もいます。複数の子が書かれているときは、ジャンケンで取り合っています。負けて悔しそうにする子もいます。悔しがっているのを見て、「いいよ、あげる」と譲る子もいます。あまりに悔しがるので、コピーして渡したこともありました。

一方、このカード欲しさに、「あ、トイレのスリッパ、並べよ！」と言いながら、まわりにだれかがいることを確かめてから並べるなど、見え見えの行動をする子もいますが、「かわいいな」と思いながら黙認しています。さらに、だれかが自分のことを書いてくれているのを見て、書き返したりしている子もいます。終わりの会でその二人分を続けて読むと、「それって、完全

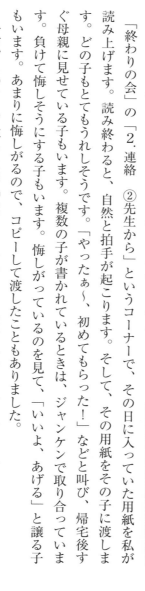

に書き合いっこや！」などと突っ込まれたりしていますが、これまた微笑ましい光景です。

前述したように、このカードをつくったのは友だちの言動をよく見てほしいからです。そのめざすところは、これまでに繰り返し述べてきた「他者意識の向上」です。

第3節　教職員のつながり

第2節で、「関係支援」のベースとなる学級づくりの具体的実践事例を紹介しました。本節は、同僚をつなぐとりくみです。子どもたちがつながるためには、私たち教職員のつながりはとても大事です。そう思うにいたった経緯について、少しふれておきます。

◉情報共有のための研修会

児童理解研修会や合同研修会など、名称の違いは若干あると思いますが、各担任がクラスで気になる子についてリポートなどにまとめて報告するという情報共有研修が、多くの学校で実施されていると思います。私の経験では、年度初めに一回と、次年度への引き継ぎとして年度末に一回というように、最低、年二回の定期研修として実施する学校が多かったものです。

一方で、何らかの問題などが起きた際には、必要に応じて全職員が集合し、対策協議会などをもちました。また、子どもが帰宅していないなどの緊急事態の場合はその限りではなく、管理職や生徒指導担当をはじめ、その場にいる職員のみで対応などを協議し、迅速に動く場合もあります。こうした例外的な会議は別として、年二回の定例研修では情報共有がなかなかできません。そこで、月一回実施される職員会議の場で、その機会をもつようにしました。

協議事項ではなく連絡事項として時間を確保してもらい、各学年や学級からの報告を受けます。個別事例が出されることがほとんどですが、学年全体としての様子などが報告される場合もあります。いずれにせよ、各学年や学級の情報を交流し合うことで、教職員の側でも、自分の学級や学年だけでなく、他学年にも意識を向けようとする「他者意識の向上」が期待されます。とくに、ほぼすべての時間を担任が見ている小学校低学年では、自分のクラスだけで他を見る余裕などないという現状があります。教室に少し落ち着きがなくなりはじめたりすると、ほかのクラスに迷惑をかけてはいけないなどの思いから、ついついドアや窓を閉め切ってしまいます。隣の先生に声をかけられても、「大丈夫です」と言ってしまうのです。

そして、子どもたちの言動は、それを見透かしたかのようにエスカレートしていきます。

◉ピンチはチャンス！

情報交流会を月一回にしたきっかけは、学級崩壊でした。本書で何度か登場したX小学校で、あるクラスが崩れはじめ、しばらくして隣のクラスへと波及し、最終的には学年全体が不安定になってしまいました。詳細は省きますが、職員を招集しての頻回な対応協議、全教職員による支援体制の構築、そして、日々の支援を経て少しずつ落ち着きを取り戻しました。

この経験をとおして、X小学校には「日常的に子どもたちの諸情報を共有しよう」という気運が生まれました。年二回の研修会を月一回にしたこともそうですが、このほかにも、児童写真の共有フォルダの作成、他教室の巡回、窓やドアの開放、学年集会、担任の給食交流など、さまざまなとりくみが始まりました。学年集会やドアの開放などは、学年レベルでとりくんでいた先生方もおられましたが、この学級崩壊を機に、学校全体で進めていこうとする気運が高まりました。よく言われるところですが、まさに、「ピンチはチャンス」です。

それでは、教職員のつながりを大切にしたとりくみの一端を、ここに紹介します。

第1項　児童写真の共有フォルダ

職員同士で子どもたちの話をするとき、顔と名前を一致させて聞いたほうが断然わかりやすいものです。写真を見ながら、「あ、この子ね。廊下でよく見るわ！　一人でいることが多いね」とか、「この子、この前、そうじ中に大ゲンカしていたから、仲裁に入ったよ」など、それぞれの先生方がその子との接点を探しながら話を聞いています。

年度当初に提案する「生徒指導実施計画（案）」に、「写真フォルダの作成」という項目があります。これを受けて、生徒指導担当の私は、四月中に各担任が子どもの個人写真を撮影し、事前に校内共有フォルダ内に作成しておいた「クラス別フォルダ」に登録しておくよう依頼します。登録名は、「出席番号と名前」です。同姓の場合は「11. 鈴木か」のように名前の一（二）文字目を入れます。花壇をバックに撮影する先生もおられますが、私の場合、教室で一〇人ほどずつ名前順に並ばせておき、白い壁をバックに次々に撮るので一〇分もかかりません。朝学習の合間などに撮っています。

この共有フォルダは、全体研修だけでなく、学年で子どもの話をするときなどにも重宝します。また、ごく稀にですが、放課後などに所在不明の児童を捜索するときには、プリントアウトして配布します。とにかく便利です。ちなみに、最後に勤務していた学校の会議は基本、ペーパーレスで、全員がノートパソコンを開いて参加していました。年二回の研修会の際には、リポートする子が事前にわかっているので、研修会用のフォルダを作成し、該当児童の写真だけを集めておきます。しかし、その後、各リポートに写真を添付するように変更したので、写真だけを集める必要はなくなりました。ほんと、便利な時代になったものです。

いまではすっかり定着した写真フォルダですが、ある学校に異動したときにこれを提案して、却下されたことがあります。部会では通っていたのですが、全体で意見をきくと、「本校は問題行動も少なく、必要ないのではないか」というのが主な反対理由でした。私は、「問題行動の有無や頻度に関係なく、日常的に情報共有ができるように……」と反論しましたが、理解を得られなかったので取り下げました。しかしその後、自分が所属していた学年で写真フォルダを作成し、月に一度の情報交換会でそれを提示しつづけました。これが功を奏したようで、翌年にはすんなり提案が通り、写真フォルダが作成されました。

少し話がそれましたが、このフォルダの年度末の扱いです。クラス分け作業が終わると、それに伴い、前担任がパソコン上で新クラスに写真を分け直しておきます。これをしておくと、新しいクラスの担任が決まってから始業式までの間、あるいは、新クラスでの写真を撮影するまでの間に、子どもたちの名前を覚えるツールとして使用できます。私の場合、加齢とともに記憶力が低下し、とくに名前が覚えられないので、これは大いに活躍していました。

とはいえ、これは私個人がやっていただけで、全体には提案しませんでした。というのも、先にふれたように、学校はとても保守的です。提案当初に写真フォルダが却下されたように、何か新しいことを始めることに対する抵抗はきわめて強いのです。これが、道徳の教科化や外国語など、次々に入ってくる新施策に疲弊している学校現場の悲しい現実です。

話は飛躍しましたが、児童写真の共有フォルダは、教職員をつなぐ重要なツールです。

第2項　「他教室の巡回」と「ドア・窓の開放」

◉担任以外の人の存在

ここ数年、さまざまな制度の導入に伴い、スクールカウンセラー、特別支援教育支援員、スクールソーシャルワーカーなど、担任以外の職員が学校に入ってくるようになりました。また、私が勤務する兵庫県では、「新学習システム」として、たとえば、算数の同室複数指導や少人数指導のためのハーフサイズクラスの設置など、これまでに配置されてこなかった教職員が確保されるようにもなっています。さらに、いわゆる「中一ギャップ」対策の一環として、小学校五、六年生を中心に、「兵庫型教科担任制」というのも実施されています。

そして、とくに小学校では、担任一人で抱えがちだった諸問題を複数の教職員で共有し、必要に応じてケース会議を開くなど、「チーム意識」の向上がみられるようになっています。

◉教室を閉ざす理由

こうした状況のなかで、教室（学校）の風通しがずいぶんよくなってきたように感じます。しかし、私が教員になった一九八五年ごろには、日本の学校の先生というのは、教科指導だけでなく、学級・学年経営をも含めた生徒指導、保護者対応や地域との連携など、あれもこれもできる姿が理想とされてきたように思います。少し脱線しますが、当時の学園ドラマを振り返れば、その姿が浮き彫りになるのではないでしょうか。私が中学生のころによく観《み》ていた「飛び出せ!青春」「われら青春!」などの青春学園ドラマでは、スポーツをとおした先生と生徒のつながりがテーマでした。その後、小学校を舞台にした「熱中時代」や思春期の中学校生活を取り上げた「金八先生」などでは、次々に起こる諸問題の解決に担任である教員が、子どもたちとしっかり向き合いながら奮闘するというものでした。要は、いわゆるスーパーティーチャーがいて、さまざまな問題を解決に導いていくというストーリー展開だったように思います。

もしかしたら、そういう発想がいまだに根強く残っているのでしょうか。そう思うのは、クラスが荒れているとき、その原因追及の矛先を担任に向けることが多いからです。なかには、直接担任に伝える方もおられます。だから、担任はドアや窓を閉め切ってしまうのかもしれません。

◉物理的かつ心理的なオープンさ

前述したように、さまざまな立場の人が学校に入るようになり、教室はある程度オープンになりました。しかし、ドアや窓を閉め切っている教室が、まだまだけっこうあります。「うるさいから」と言われますが、それはお互い様です。音楽の授業などは特例でしょうが、せめて、ドア一枚は開けておきたいものです。いつでも入ってもらえる教室にしたいし、廊下を通っただけで、なかの様子を見てもらえるようにしたいものです。心理的にオープンな気持ちをもつことで、物理的にオープンになるのではないかと思います。逆もまたしかりで、物理的にオープンにすることで、心理的にオープンになることもあるかもしれないのです。

他教室の巡回、そのためのドアや窓の開放は、教員側からすると、「みんなを見ている」という他者意識の向上につながると思います。一方、子どもの側からすると、担任の先生だけでなく、「みんなが見てくれている」という安心感につながるのではないでしょうか。

第3項　学年集会

始業式のあと、学年ごとに指定された場所でクラス替えをします。人通りの多い渡り廊下の場合は広いホールなどに変えますが、多くの場合、その場所でそのまま学年集会を開きます。その目的を、次のように話して伝えます。「いま、各担任の先生が決まりました。家庭訪問や個人懇談会など、基本的には担任の先生がいろいろ対応します。でも、先生たち四人は、みんなで四クラス一四〇人を担任しているつもりです。一年間、よろしくお願いします」と。

そのあと、各担任がそれぞれ話をします。学年によって話題は違いますが、たとえば、四クラスの五年生だと、「四泊五日の自然学校」「兵庫型教科担任制」「委員会活動開始」「高学年の自覚」など、四つの話題を事前に決めておきます。だれが何を話すかも相談し、翌日までに話す内容を考えておきます。経験の浅い先生などは、「どんな話をしたらいいですか？」と、先輩の先生方にきいたりしています。また、長い話をだらだらと聞きつづける子どもたちの気持ちを考え、「一人二分三〇秒以内」と決めておきます。四人だと一〇分以内で終わります。

当日、「先生方はお話しをするプロだから、絶対に二分三〇秒以内で話すよ」などと言ってタイマーを渡します。話し終えた瞬間にピピッと鳴ったりすると、「すげ～！　ぴったり！」と盛り上がります。タイムばかり気になって、内容を覚えてない子もいたりしますが……。

こうして学年開きが終わると各教室に向かいますが、子どもたちは笑顔いっぱいです。期待と不安で登校した始業式をどう過ごすかは、とても大事です。もちろん、各教室での担任との時間も大切にしていますが、その前段階として学年集会を開催する意義は大きく、子どもたちも喜んでいます。これは、数年来やってきた実感です。ぜひ、お試しください。

その後、この学年集会は、必要に応じて随時開催します。始業式や終業式のあとは定例ですが、いわゆる「学級指導」が必要なときに実施しています。とくに、金品授受や公園や道路などの公共施設でのマナーに関する通報を受けたときなどの重要な案件は、クラスによって指導にばらつきがないように全体で話をします。朝学習の前などに五分程度で済ませています。

最初のうちは、並び方や待ち方などを注意することも多いものです。私たち担任が階段を上がっていくと、一階途中の踊り場あたりから階上の声が聞こえてきます。子どもたちの姿が見えてから、静かになるまで待っているとすぐ静かになります。「いま、先生たちはだれも『静かにしなさい』と言ってないよね。でも、静かになった。『静かにしよ！』と言ってくれた子もいたみたいだね。さすがだ！　お互いに注意し合って高め合う。そういうことができるのが高学年だと思うよ」などと誉めます。そうすると、次第に注意する頻度は減ってきます。

学年集会を開く予定がある日には、子どもたちが登校する前に、各教室の黒板に「8：30学年集会」と書いておきます。すると、私たち担任が上がるころには、子どもたちはいつもの場所にいつもの並び方で静かに座って待っています。「さすが！　あんまり静かだから、まだ集まっていないのかと思ったよ」などと話したあと、その日の話題に入ります。

このように、学年集会を開くことで学年の先生方の「チーム意識」が高まります。先生同士のつながりが、子どもたちがつながる「関係支援」のベースになっているように思います。

第4項　給食ローテーション

◉具体的な方法

これは、担任がローテーションをしながら、ほかのクラスで給食を食べるという単純なものです。担任が動くだけなので、とくに準備の必要もなく、明日からでもすぐにできます。ただ、四月当初ではなく、ある程度クラスのやり方が定着した五月半ばごろから実施します。

四校時が終わると、三クラスだと、一組担任は二組の教室へ、二組担任は三組、三組担任は一組へ給食セットを持っていきます。先生方はとくに指示などをすることもなく、子どもたちのふだんの様子を見ています。宿題ノートが残っているときには、持っていって丸付けをしながら見ていることもあります。ローテーション二周でいったん終了です。時期を見計らって、何度か実施します。「ごちそうさま」の合図で教室に戻るのが基本ですが、学年によっては、昼休みや掃除まで拡大することもありました。これも、なかなかおもしろかったものです。

◉実施の経緯

本節の冒頭で述べたように、その経緯の発端は、ある学級が崩れかけたときでした。当時、私は支援学級の担任として、在籍児童の支援のためにそのクラスに入っていました。最初のうちは、授業中に消しゴムをだれかに投げて当て、担任の指示を聞かずに私語を続けるなど軽いもので、私が注意をすればすぐにやめていました。しかし、次第にエスカレートしていき、優しい教員が入っているときには、まったく注意に耳を貸さないこともありました。また、それまで指示をきいてくれていた私が入ったときですら、かなり騒がしい状態になっていました。

私は、学年の先生方と一緒に、どうしたものかと日々考えながら、あれこれと試行錯誤していました。厳しい先生が入ると静かになる、そうでない場合は収拾がつかない、だれも入れないときは授業が成立しない……という悪循環に陥っていました。そういう状況のなかで、「教員が監視役みたいに入れ替わり立ち替わり入るとか、そういうのではなく、もっと日常的に、自然にかかわれる方法はないかな？　毎日やっていることといえば、朝の会、朝学習、給食、そうじ……。そう、給食なんかどう？　交代で食べに行くとか？」という話になりました。

◉子どもたちの変化

「そんなことくらいで効果があるかな？」という半信半疑な気持ちで始めた給食ローテーションでしたが、これが意外に子どもたちにも担任にも好評でした。結果的には、給食の準備をいつになくがんばる子や、片づけの声かけを率先してする子がいるなど、少しずつ変わってきたのです。その様子を担任に伝えると、「あの子、私がいるときは片づけの声かけなんて一度もしたことないのに！」などと、複雑な表情でしたが、とてもうれしそうでした。

子どもたちにしてみれば、「監視されている」という思いが、毎日の給食を学年の先生が順番に見ることで、「いつもみんなが見てくれている」という安心感に変わっていったのではないかと思われます。担任側からすれば、「自分のクラスだけでなく、学年のみんなを見ているよ」ということになり、「チーム意識の向上」につながっていたように思います。そのベースには、「日常的に子どもたちの諸情報を共有しよう」という気運がありました。

第4節 「関係支援」の終着点

第2章で取り上げたDの考察のなかで、「関係支援」が特別支援教育に限らず教育活動全般における「最重要概念である」としました。そのうえで、Dの事例を「その確信を得るにいたった大きな契機となった」と述べています。たしかにDのまわりの子どもたちの変化はすばらしいものでした。その影響もあり、D自身も少し変わりました。これを相互性と呼んでいましたが、どちらかといえば、この事例はDよりも周囲の変化に焦点を当てたものでした。

しかし、次に紹介するGは、まわりの変化もさることながら、G自身が大きく変わりました。本節では、前節で紹介した学級づくりの具体的活動内容とGの姿を重ねながら、彼の変化のプロセスを詳細に紹介します。一方、特別支援学級担任としてかかわったHの事例も取り上げます。この事例でも、周囲の変化に連動して変わっていくHの姿を詳述します。

第1項 仲間との協力の大切さを学んだG

◉四年生のころ

私がGを担任したのは、彼が五年生のときでした。その数年前に、「ADHD・アスペルガー症候群」という診断を受けていました。四年生担任からは、次のような引き継ぎがありました。

・何かに集中するとまわりが見えなくなる。
・自分の世界に入り込み、敵味方の関係をイメージして声を出したり、戦うそぶりを見せたりしている。
・子どもたちの歓声などを「うるさい！」と感じ、イライラして一喝する。
・気に入らないことがあると、大きな声で癇癪《かんしゃく》を起こす。時々、友だちを叩《たた》いたり、耳元で怒鳴ったりする。
・給食の残りなどを、じゃんけんで決めることが許せない。

私が四年一組を担任していたとき、Gは四組にいました。だから、前記の様子はある程度知っていました。とくに印象に残っているのは、「みんなと同じことをするのを極端に避ける」という点でした。たとえば、学年集会でホールに集合しても、絶対にクラスの列に入りません。担任が横に並んで座ることもありましたが、積んでいるいすの下に隠れる、前のほうの友だちの横に座って話しかけるなど、自由に動き回っていました。注意すれば余計に反発するので、担任も静観するしかないという感じでした。私も何度か声をかけたことがありましたが、注意されることがわかると、近づくだけですっと離れていきました。

運動会や音楽会の練習は、とくに嫌がっていました。運動会では列に並ばない、音楽会でもひな壇の後ろから抜けるなど、いつの間にかいなくなるのです。ひな壇の後ろでしゃがんでいるGに話しかけると、「何度も同じことやるのがいや!」と言うし、運動会の列から離れていくところで声をかけると、「もう、さっきできていた!」と怒っています。とにかく、同じことの繰り返しが耐えられないのです。わかる気もしますが……。

それでも、「本番はそれなりにできる」というのが、Gに対する四年生での印象でした。

◉五年生になって

担任が初めての男性だったのがうれしかったようで、とにかくよく話しかけてきました。お気に入りのキャラクターの話を延々としてきます。最初のうちは興味を示しながら聞いていましたが、次第にマニアックな内容になってくるので、私が「なんかよくわからないわ!」と話を切ろうとします。しかし、その意図は通じないらしく、さらに詳しく説明するという具合でした。私が、「話が終わりそうにないから、ちょっとノート見るわ」と言うと、「あ、ごめん。どうぞ。じゃ、またあとで!」と言うなり、すっと離れていきます。

しかし、次の休み時間になると、「ノート見終わった?」と近づいてきます。「ごめん、まだ。

ねえGさん、だれかそのキャラが好きな友だちいないの？　話ができる友だちがいたらいいのにね」と言っても、「だれもおらん！」と吐き捨てるように言います。たしかに、Gが友だちと歓談するとか、一緒に遊ぶなどの場面を、それまでにあまり見たことがありませんでした。どちらかというと、一人で本を読んでいるか、廊下などで架空の敵と戦っているか、近くにいる大人をつかまえては話しかけているなどの場面を、何度か目にしていました。

別のクラスに仲のいい友だちがいて、登校後、下足室に入るまでの数分間、共通の話題で盛り上がったりしていました。その子が休み時間に外遊びを誘うのですが、「本のほうがいいわ！外なんて絶対無理！」などと言って断っていました。その友だちは毎日のように誘いに来ていましたが、Gは断固として動きませんでした。それどころか、教室にいたら誘いに来るので、図書室に行って本を読んだり、司書の先生と話し込んだりしていました。

「友だちとつながることができたらいいのになぁ」というのが、Gに対する願いでした。

◉つながりを拒否

本章の第2節で紹介したような「友だちをつなぐ」ためのやり方を、Gは「面倒くさい！」などと言って、ことごとく嫌がりました。たとえば宿題ですが、班で集めずに勝手にかごに入れます。班の集配係が「Gさん、そこじゃない。自分の机に置いてくれたら集めるから」と言っても、「ええやん、ここに入れたら！」と聞き入れません。言い返してももめるだけだとわかっているのか、集配係が黙って取りに行き、班で集めて再提出していました。それを見ている同じ班の子が、「机の上に置くだけなのに……」などとぽつりとつぶやくと、「なんだと～！」と近づいて罵声を浴びせます。殴り合うほどのけんかはしませんが、そうした言い合いは日常茶飯事でした。それまでにGと同じクラスになったことのない子が、よくトラブルになっていました。とくに、同じ班のNとは毎日、何かと言い争っていました。

複雑なやり方の給食当番も、「何をやったらいいかわからん！」と言って本を読んでいるので、私が班長に尋ねます。すると、「Gさん、今日は○○さんと大おかずだよ。よろしく！」などと教えてくれます。私は、「○○さん、あなたがGさんに声をかけてね。言ったらやってくれるから」と伝えます。このように、まわりの子たちのなかには、できるだけトラブルになりたくないとの思いから、声をかけることすら避けている子がいたようです。だから、こうして私が介入して、まわりの子たちに声をかけていました。すると、「Gさんはちゃんと話せばきいてくれる」と感じる子が増えてきたのか、少しずつ私の介入も減ってきました。

◉目標設定と支援計画

Gとの一年を、どのように過ごそうか。どういう目標を設定し、具体的にどんな支援をすればいいのだろう。そうした思いのなかで、Ｇの様子がある程度わかってきたころに、これまでの学年でされてきた経緯などもふまえて、次のような目標や支援方法を考えてみました。

まず、「対人関係・集団参加」の目標と支援方法を、左記の二点としました。

1　まわりに合わせて行動できる割合を少しずつ増やす（**目標を六〇％程度に設定し、一〇％達成でもよしとする**）。

〈支援方法〉「最後の一回だけ」など、具体的な数値目標を設定し、声をかける。その後、徐々に設定を上げていく

2　朝の宿題集めや掃除・給食当番、日直等々、たくさんある班活動システムに早く慣れて、周囲を意識した行動が取れるようになる。

〈支援方法〉「君が当番をやらないと給食が遅くなる。みんなの昼休みが短くなって、君も大好きな本が読めない。行くよ！」など、先を見通した具体的な指示をする。

一方、片づけが苦手なので、「生活・身辺自立」の支援として、左記の二点を考えました。

1　物理的構造化により、教室の「どこに」「何が」あるかを視覚的に明確にして、片づけ方

のヒントにさせる。

Gは、当番的な係活動には消極的でしたが、自発的な会社活動は楽しんでいました。最初は友だちが始めた「新聞会社」の社員になって分担記事を書いていましたが、のちに独立し、棚から白紙を取って自由に新聞をつくっていました（下の右の写真）。

一方、「セロテープ」や「鉛筆削り」など、みんなが使うものは置き場所を決めておき、下の左上の写真のように物の名前も書いておきます。時々、だれかがどこかに持っていって使うこともあるのですが、元の場所に戻せるよう、「ここにおく！」と下の左下の写真のように赤字で書いておくと、必ず戻ってきます。

これは、片づけが苦手なGのためだけではなく、クラスのみんなにとってわかりやすい「ユニバーサルデザイン」になっていると思います。

2　片づけ方を図で掲示し、それを見て片づけさせる。

いつも同じ場所に掲示しているとあまり意識しなく

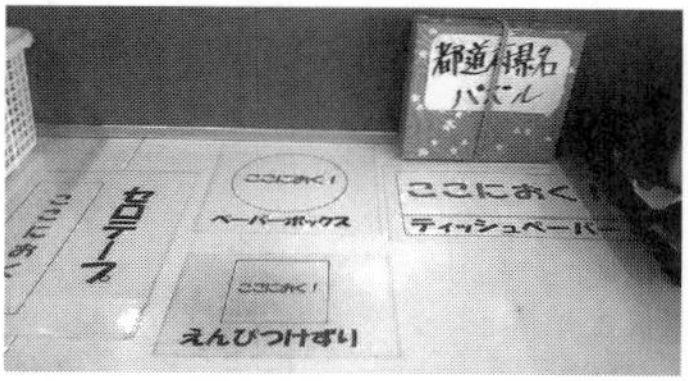

なるので、たまに黒板に掲示し、その時々に必要なコメントを書いています（左列の写真の上）。

このときは、理科の実験教材の大きな箱をランドセルと一緒に入れている子が数人いたので、廊下のロッカーへの移動を考えさせるようなコメントを書いています。

この掲示物は、ランドセルロッカーと同じ向きになるよ

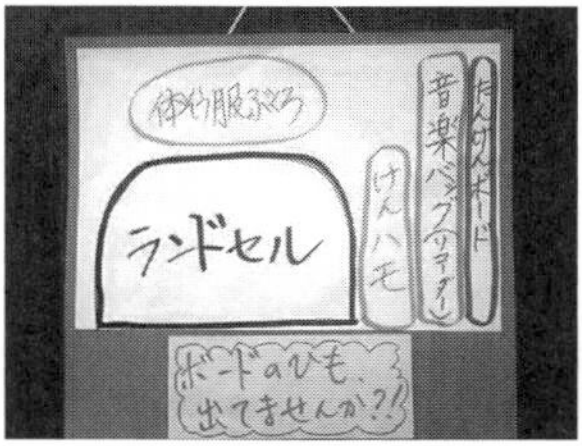

ランドセルロッカー

机まわり

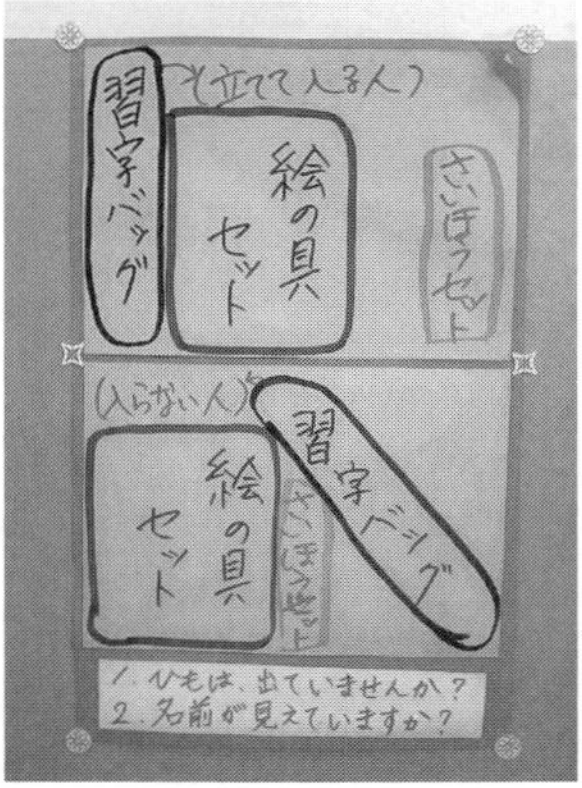

廊下のロッカー

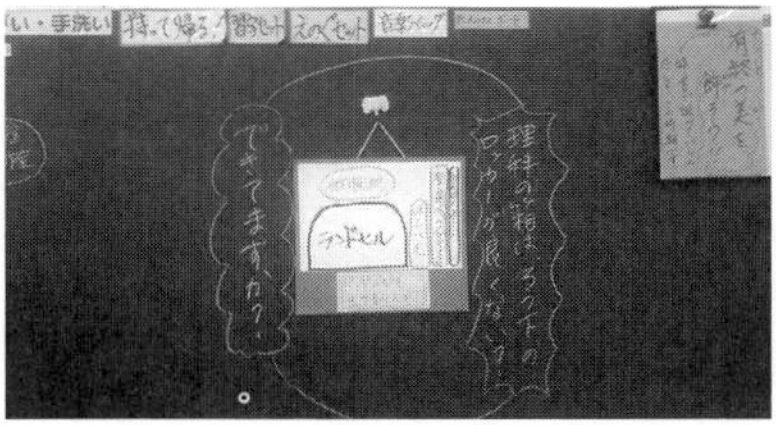

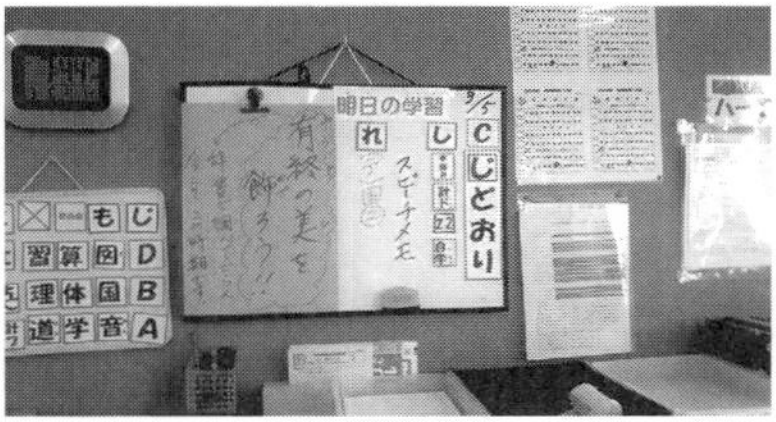

う、いつもは背面掲示板にかけています（前頁左列の写真の中）。連絡帳はホワイトボードに書いて黒板に掲示しているのですが、朝の会が終わると、そのボードが掲示物の上に移動するので、ふだんは見えません（前頁左列の写真の下）。

◉Nとの確執

前述したように、GとNは、ちょっとしたことですぐにトラブっていました。たとえば、授業中にずっと本を読んでいるGにNが注意します。Gは、「うるさいなぁ、放っといて！」と言い返します。しばらく続き、Nが、「先生、Gが何回言っても本を読むのをやめない！」と私に訴えてきます。私は一応Gに声をかけますが、やめません。そこでNは、「なんでGだけ許されるの？」と納得できない様子です。

私は、「いや、許しているわけではないよ。何度も注意しているけど、やめないでしょ？　でも、時々指名すると正確に答えるじゃない。先生は、彼が読書しながらでも、しっかり聞いていることがわかったの。だから、注意するのをやめてみた」と答えます。

するとNが、「じゃあ、ぼくも読んでもいいの？」と尋ねます。「もちろんいいよ。でも、多くの子はGみたいな器用なことができないから読んでないのかもね」と返すと、Nは、「やったぁ～！　ぼくも読もう！」と言いながら本を出して読みはじめました。しかし、しばらくすると、

「やっぱり無理！　読みながら聞くなんてできない」と言って、本を片づけました。

また、Gが宿題を班で集めずに勝手にかごに入れるのを見て、「自分の机に置いておけばいいだけなのに！」と言います。さらに、給食当番なのにエプロンもつけずに座って本を読んでいるGに、「早くしろよ！」と怒って言います。そういう一言がきっかけになり、いつも言い合いになってしまいます。

このように、基本的にはGに非がある場合が多いのです。Nの言い分は、決して間違っているわけではありません。いえ、むしろ正論を言っているだけです。でも、それをするとトラブルになることがわかっている子たちは、付き合い方を考えています。といっても、できるだけかかわらないようにしているだけのようですが……。ところが、思ったことをすぐに口に出してしまうNとは、このように日々のトラブルが絶えませんでした。

◉四泊五日の自然学校

兵庫県では、五年生になると四泊五日の自然学校があります。二学期の実施もありますが、Gの学年は一学期の六月初旬でした。それまでの二カ月間で、新しい班活動システムに少しずつ慣れてきたGでしたが、まだまだ「マイワールドを楽しむ」という点に大きな変化はありませんでした。とりわけ、Nとの関係は相変わらず険悪な感じでした。

ところが、そのNとGが、なんと四泊五日間、同室だったのです。ある日、部屋をのぞきに行くと、Gが別の子と二人でUNOというカードゲームをしていました。それを見ていたNが、「それは出せないで！」とGのカードの出し方を指摘しました。これが気に障ったGが、「おまえには関係ない！」と一喝しました。しかし、Nも「ルールを間違えているから教えているだけ！」と食い下がります。Gの「うるさい、黙れ！」でいったん収束しました。そこで私は、「Nも一緒にやったら？　そんなベッドの上から見ていないで」と言ってみましたが、「おれはいい。どうせもめるだけやから」と、自ら身を引いている感じでした。

三日目にウォークラリーがありました。Nが地図を持って班を先導する係でしたが、Gは「あいつが地図を持つなら、おれは行かない！」と言い、集合場所に行こうとしませんでした。困り果てたリーダー二人が、私のところに相談に来ました。リーダーというのは、全日程に参加してくれる市の臨時アルバイト（主に大学生）です。各クラス男女各一人、看護師資格のある救急員一人が配置されます。必要に応じて、支援学級在籍児童についてくれるリーダーも配置されます。担任は二泊三日で交代しますので、全日程参加のリーダーたちは、自然学校期間中の担任のようなものです。子どもたちも、何かあれば、担任ではなくリーダーに相談しています。それで、リーダーが困ったときには担任に相談するという感じです。

話は戻りますが、リーダーたちもGと話し合ってくれましたが、頑として動かないので途方に暮れている感じでした。私もGに声をかけてみましたが、まったく聞き入れませんでした。その後、私がNに近づいて話しかけると、「地図なあ、おれが渡せばいいのか」と私が言う前に自分から言ってきました。それまでの話を聞いていたNは、そう来るだろうと予想していたようでした。私は、「ごめんな。いいかな。このまま出発しても、勝手な行動をするGを探すばかりになって、ラリーどころじゃなくなるし……。ほんと、ごめんな」と、地図係を代わってくれようとしているNにお礼を言いました。

Nから受け取った地図を持ってGのところへ行き、「ほら、Nが代わってくれたよ！」とその地図を見せました。Gは、「え？　ほんま？　やったぁ～！　ありがとう」と、喜んでいます。私が、「その『ありがとう』は、先生じゃなくてNに言わないと」と言い、一緒にNのところへ行きました。Gは、素直に「N、ホンマありがとう！　うれしいわ！」と深々と頭を下げてお礼を言いました。

これで一件落着かと思いきや、あらためて地図をじっくり見たGは、「何？　この地図！　意味わからんし！」と怒っています。初めて見る「コマ地図」（十字路などの分岐点に田畑や郵便ポストなどのイラストと矢印を描いたもの）に戸惑っていたのです。私が説明しても「わからん！　イライラする！」と言って、地図を投げ捨てたのです。「おいおい、せっかくNが代わってくれたのに、それはないわ。ホンマに返すのか？」と言うと、「もういい、返して！」と興奮気味に言います。「まあ、そう言わないで。この地図な、これ、ちょっとこっち来て」とひとつ目のポイントの場所に連れていき、「これがトイレで、これがこの川。で、こっちに行きなさいっていう矢印がこれ！」と説明しました。するとGは、「なるほど、そういうことか！　わかった。簡単や！」とすんなり受け入れました。「じゃあ、Gが地図を持って班の子たちをリードする。勝手に先に行ったりしたら、みんなが困るからね。大丈夫か？」と私が言うと、「大丈夫。みんな、おれを信用して！」と班のメンバーに声をかけ、やる気満々になっていました。「N、ありがとうね！」と言う余裕さえありました。

これでとりあえずの一件落着です。あとは、NとGがけんかして班が分裂してしまう、地図の見方を間違えて迷子になるなどがなく、班がそろってゴールできるかどうかです。祈るような気持ちで、私は全部の班をスタートさせたあと、ゴールチェックをしていました。途中で各ポイントのリーダーたちが、トランシーバーで各班の通過情報を流してくれます。「Gさんの班、全員そろって第三ポイントを通過しました」などと聞こえてきます。

最後のチェックポイントを過ぎて、あとは待つだけでした。しばらくすると、Gを先頭に、班のみんながニコニコして帰ってきました。うれしかったです。みんな最高の笑顔でした。私が「がんばったなぁ。G、大丈夫やったか？　みんなどうだった？」ときくと、班の子たちが、「Gさん、めちゃ頼りになった。安心できたわ」「ほんと、それ。遅い子がいたら待ってくれたりしたし」などの声がありました。「Nは?」と感想をきくと、「うん、ばっちりやったわ。おれやったらどうなっていたかわからんわ!」と、自虐的に言いながら、Gを誉めていました。「ほんと、N、ありがとう。君のおかげで、Gを含めて班がまとまったから」と心からお礼を言いました。

そして、この一件以来、GとNとのトラブルは激減しました。互いに認め合うことができたからではないかと思います。それだけではありません。Gに対するクラスの子たちの見方も、少し変わったように思います。そのひとつが声かけです。それまでは、ほとんど声をかけなかったり、遠慮気味に言ったりしていた子たちが、「Gさん、当番ちゃんとやってね」とか、「先にこれをやってからにして!」などと言う子が増えてきたように思います。

◉授業中のエピソードあれこれ

年度当初のGは、興味のない授業になると教室をふらっと出ていき、大好きな図書室に行くことが多かったものです。どこかのクラスが使っているときには、廊下や階段をうろつくこともたびたびありました。しかし、次第にその頻度は減ってきて、とくに、自然学校以降は教室を出ていくことはほとんどなくなりました。

また、音楽・図工や理科など、担任以外の専科の授業には、特別支援教育支援員などに前年度からサポートに入ってもらっていましたが、これも次第に必要がなくなり、徐々に撤退していきました。教科担任制の家庭科も、最初のうちはサポートで私が入ったりすることもありましたが、自分から友だちに声をかけたりしながらできるようになりました。

一方、グループ学習にはほとんど参加しようとしないので、ほかのメンバーが困ることが多かったのです。しかし、国語の「活動報告書」という単元（委員会活動の振り返りと今後の活動をまとめる学習）では、Gが所属していた委員会のメンバーがクラスで二人ということもあり、がんばりました。学習が始まっても本ばかり読んでいるGに声をかけてもやろうとしないので、ペアの子が困って、「どうしたらいいですか？」と私に言いに来ました。私が、「Gさんがやらないと、彼が一人になるからできないよ」と声をかけると、「そっか。それはアカンなぁ。じゃあ、やるわ」と言って、読んでいた本を片づけました。

また、大好きな算数では、グループ学習にも積極的に参加することが多かったのです。とくに、むずかしい文章問題を班のなかで説明し合う学習などには意欲的でした。グループの代表がみんなに説明する全体交流のときには、ほかの代表の子たちの説明に首を傾《かし》げていた子たちが、Gの明解な説明を聞いて、「なるほど。そういうことか。わかった！」と感嘆の声を上げるようなこともあったりしました。

◉連絡ノート（一学期末）

Gの母親とは、連絡ノートで日々の様子などを伝え合っていました。一学期の終わりに、次のようなことが書かれていました。部分的に抜粋して紹介します。

先生のおかげで、暴力もなく、無事に一学期を終えることができて、本当に感謝していま す。毎日、丁寧に見てもらって、ノビノビとGを過ごさせてもらい、私も安心して学校へ通わせられました。自然学校もとても心配していましたが、楽しく過ごせたようで一回り成長して帰ってきてくれました。本当に感謝します。

私の返事は、以下のとおりです。

とにかく、私はGさんが大好きです。わが家でも、学校の話をよくするのですが、妻が「今日のGさんトピックスは？」と、毎晩のようにきいてきます。妻も、一緒に話を聞いている娘も、いまやもうGさんファンになっています。振り返ってみて、彼の成長はいろいろありますが、一言で言うなら、「みんなといることに居心地の良さを感じてくれたこと」かな？ と思います。「教室に居場所を見つけた」と言ってもいいかな。だから暴力なんて必要なかったし、落ち着いて過ごせたのかなと思います。

さらに、母親から返事がありました。

丁寧なお返事、ありがとうございました。先生に大事にされてGも幸せです。今まで、どちらかというと私の勝手な思いですが、クラスで邪魔者というか、いない方がみんなの流れを崩すことなく過ごせるのではと思ってしまっていました。また、二学期からもよろしくお願いします。

●九月の運動会、そして音楽会

前述したように、Gはとにかく体を動かすのが嫌いです。それゆえ、体育は苦手です。まず、みんなと一緒に並べません。声をかけるほど、遠くに逃げていきます。

ところが、たとえば五〇メートル走をしていたとき、みんなの練習中には周辺をうろうろしていたのですが、タイムを計るころになると近づいてきて、「記録しようか?」と言うのです。「君は教育実習生か！」と思わず突っ込みながら、「見学者と違うのだから、Gは記録ではなく、走る人だよ」と言ってみます。「じゃあ、いいわ！」と、また離れていこうとするので、「わかった。お願いするわ」と、とにかく学習に参加させます。記録している途中で、私の言い方を真似て「コーンまで走り抜く！」とか言うので、「それは先生のセリフ！　Gはよく見ておいて学んでよ。最後に一回だけ走るから！」と誘ってみます。「え〜、詐欺や！」などと言いますが、「一回だけね！」と言うと、「わかったわ。一回な！」と、意外にもすんなり受け入れます。このように、自分の要求をある程度（というかほとんど）聞き入れてもらえると、こちらの言うことも少しは聞くようです。

ふだんの体育がそんな調子でしたから、運動会の練習は大嫌いです。とりあえず着替えて体育館などに行きはしますが、「こんな暑いなかでは絶対にできない！」と言って、風通しの良いドアの前に、みんなに背中を向けて座り込んでしまいます。私が、「G、せめてこっち向いて座ろうか」と言うと、意外にも素直に向きを変えます。これを、「おいG、そんなところに座ってないで、さあ、並ぶよ！」とでも言おうものなら、すっと逃げてしまいます。数カ月の付き合いで、私もGへの声かけを学びました。前述した目標設定の「**目標を六〇％程度に設定し、一〇％達成でもよしとする**」というのは、具体的にはこういう接し方です。

ドアのそばで一緒に座り、ダンスの動きを追いかけます。「あ〜、これはむずかしそうやなぁ。Gにはちょっと無理かもね」と言うと、「いや、おれ、意外とできるで」と答えます。「へぇ、そうなんや。じゃあ、いまの動きは？」とステージの先生に合わせて動く友だちを見ながら言うと、

「これは超簡単や。できる！」と乗ってきます。「でもな、口ではいくらでも言えるし、やっぱり体を実際に動かしているところを見ないとなぁ……。あ、最後に一回通すって言っている。ほら、並んでやって見せてよ！」と、やや強引に誘います。「え～、無理！」と言うので、「できるところ、見せてよ！」と手を引いて無理やり列に入れます。少しは抵抗しますが、やってみたい気持ちもあるようで、自分でしっかり歩いていきます。

実際にやってみると、まわりの動きを見ながら、けっこうできているのです。帰ってきて、「あ～、疲れた！　もうしないよ！」と言うので、「そりゃ、ずっと座っていて、いきなり動いたらしんどいわ。準備体操もしてないし。でも、けっこう動けていたと思う。すごいよ」と誉めると、「な、だから言ったでしょ。おれ、意外とできるって」とうれしそうに言っていました。「よし、じゃあ、今度は、準備体操だけはしようか。急に動いてけがしたらアカンし」と、次回の予告をしておきます。「わかった」と言って次回を迎えると、「今日は準備体操だけな。通しはしないから！」と先手を打ってきます。そして、約束どおり、準備体操をするのです。

運動場に出てからの練習では、テント下で観察しながら最後の通し練習に参加していました。しかし、次第に参加回数が増えてきて、最後のほうではほとんどみんなと一緒の動きができていました。その調子で、本番もばっちりでした。

運動会後の母親の連絡ノートです。抜粋して紹介します。

今日はありがとうございました。力いっぱい楽しく踊って、戦ったみたいです。素晴らしいダンスでしたね。Gちゃんが帰ってきて、開口一番「今日はダンスが上手に踊れたわ。楽しかった！　練習やったら長いと思ったけど、本番はあっという間やったわ！」と言っていました。今までの運動会で、そんなことば聞いたことがなかったので耳を疑いました。拝野先生をはじめ、他の先生のみなさんにもお世話になって今日のよい日を迎えられました。私、感動して涙が出そうでした。本当にありがとうございました。来年の組体操も、今からとても楽しみです。運動会を楽しいと思わせてくれた先生方に感謝します。

とにかく目立たないようにと、祈る思いで見てきたこれまでの運動会。しかし、このときばかりは、それまでの運動会とは違った印象をもたれたようです。私もうれしかったものです。

運動会のあとは音楽会でした。校内の音楽会は隔年開催でその年はありませんでしたが、市内の五年生が集う連合音楽会は毎年開催されていました。その練習が、運動会が終わってしばらくして始まりました。四年生の校内音楽会では、ひな壇に立ちつづけるのが嫌で、よく後ろに逃げていました。本番はそれなりにがんばるのですが、とにかく繰り返しの練習が苦手なGを見てきた母親は、「本番より練習が心配です」と言われていました。

しかし、私はそのころのGを見ていて、「たぶん、大丈夫だと思いますよ」と母親に伝えていました。実際、四年生のときの姿がうそのように、しっかりひな壇に立ちつづけ、逃げ出すことなく練習に参加していました。もちろん、本番も見事に演奏していました。

◉母親の理解と協力

Gはとにかく書くのが嫌いでした。書けるのですが、「面倒くさい！」というのが、その主な理由でした。授業中のノートやワークシートは、まず書きません。廊下などに掲示する「二学期の目標」や「自己紹介カード」などは、「参観日とかにお母さんが見たら悲しむよ」などと誘い、なんとか書かせていました。Gは母親が大好きで、とりあえず言うことはきいていたので、どうしても必要な何かがあるときは、母親にお願いすることが多かったのです。

たとえば、当時、朝学習で全校挙げてとりくんでいたスピーチはとくに嫌がり、原稿を書くのをかたくなに拒否していました。ところが、母親が家で一緒に書いてくださったのです。最初は前に出るのさえ嫌がるので、その場に立ってやりました。しかし、今度は読むのを拒否します。やむなく、一回目は私が代読しました。二回目は、とりあえず前に立つことはできましたが、原稿は代読でした。しかし、三回目になると、前に出て自分で読みました。このように、最初から一〇〇%を求めず、段階的にひとつずつクリアしていくという支援をしました。

一方、毎日の連絡帳は、「ぜんぶ覚えているから」と言い張り、何度言っても書きませんでした。宿題提出は完璧でしたが、時々家庭からの提出物が遅れたりするので、母親と相談して、私が連絡ボードの写真を撮り、学校の公的アドレスを使って、母親のスマホに毎朝メールで送信するようにしました。それ以来、提出物の出し忘れなどはなくなりました。

しかし、これをやりはじめてから、それまでは適当にごまかしていたことが、できなくなりました。そのひとつが、国語の意味調べの宿題でした。「わからないことばはないから」というのがやらない理由でしたが、「わかりきったことばでも、調べてみるとけっこうおもしろいよ」と、授業のなかで紹介したほかの子の例をあげたりしていましたが、なかなか乗ってきませんでした。あまりしつこく言っても逆効果だし、国語のテストもほぼ九割とれているので、それ以上は言わないようにしました。

ところが、ある日、母親が、「先生、うちの子、意味調べ、やっていますか?」と尋ねられました。私はそれまでの経緯を話しましたが、母親は、「やらせてみます」と言ってくださいました。「あまり無理強いしないように」と言っていたのですが、翌日、母親から、「パソコンで打たせてもいいですか?」と問い合わせがありました。「なるほど、それはいいですね! お願いします」ということで、さすが母親! と感心しました。数日後、辞書で調べてワープロで打った意味調べを、Gはうれしそうに持ってきました。

このように、母親にはほんとうにたくさん助けていただきました。母親との協力なしに、Gの成長はなかったといっても過言ではないと思います。

◉連絡ノート（二学期末）

二学期末の連絡ノートのやり取りを、抜粋して紹介します。まず、母親からです。

二学期もありがとうございました。のびる力、私の予想をはるかに超えて、よい評価をして頂きありがとうございました。よい面をたくさん伸ばして頂いて、私もうれしかったし、安心して学校へ通わせられました。

お正月、今年は少し長めのお休みなので、家族でゆっくりしたいと思います。

私の返事は、以下のとおりです。

こちらこそ、いろいろ助けていただき、ありがとうございました。学校でスルーした事を家できちんとしていただけるので、私もガミガミ言わずに済みました。その分、お母さんには、たくさんご負担をおかけしたと思います。ほんとうにありがとうございました。

お母さんの支えはもちろんですが、これまでにも何度か話したように、やっぱり友だちの存在が大きいと思います。その点が、今年最大の変化ではないかと思っています。

ゲーム三昧による運動不足にはくれぐれも気をつけて、始業式での元気な笑顔を待っています。では、よいお年をお迎えください！

◉友だちへの思い

前記の連絡帳でもふれていますが、Gの変化は友だちへの思いに表れています。それまでは、基本的には一人でいることを好み、友だちとのかかわりを避けているのではないかと思われるような言動が多々ありました。しかし、自然学校のウォークラリーを機に、友だち関係に少しずつ変化が表れてきました。とくに、大好きなアニメキャラをとおして仲よくなったM（女子）とは、ずっと話をしていました。もともとT（女子）と仲が良かったMでしたが、GがMを独占して話をするので、変な三角関係みたいになってしまいました。

Tが一人でいる場面を何度か目にしたので、私はGに、「Tさんが一人で寂しそうだよ。前はMさんとずっと一緒にいたけど、いまはGさんといることが多いから」と言ってみました。するとGは、Tに近づき、「なあ、このイラスト描いてみて。Tさん、すごく絵がうまいから！」と誘います。Tも、Gの要求を受け入れ、絵をプレゼントしていました。

大好きなアニメキャラをとおしてのつながりとはいえ、これほどまでに友だちを求めるGの姿を見たことがありませんでした。一学期の終わりごろにあった社会見学で、バスの座席を決めていた際、Mの隣に座れずにGが号泣してしまったことがありました。あまりのショックで全校朝礼にも出ることができず、教室で一人泣いていたのです。だれかが席を替わってくれて落ち着きましたが、友だちのことで泣くという意外な一面を見たように思いました。

◉保健学習（がん教育）の感想

三学期の保健学習で、がんについて学びました。講師の先生は、小児がんを克服して医師になった方です。話の内容は多岐にわたりましたが、闘病中に友だちの手紙がとても励みになったというくだりがありました。授業後の感想文に、Gは次のように書いていました。

がんにかかったのに、完治したのがすごいと思いました。今回の話を聞いて、やっぱり友だちは大事だと思いました。また、友だちを大事にしようと思いました。

まず、書くのが嫌いなGが、こんなにもたくさん書いていることがうれしかったものです。しかもその内容が、数ある話題のなかから「友だちのこと」を中心に書いていることに感激しました。Gも冒頭に少し書いていますが、多くの子たちがつらい治療を乗り越えて病気を克服できた点にふれて書いていました。Gのように、友だちの話題を想起して書いている子はわずかでした。その子たちは、たぶん、友だちのことよりも病気を克服したことのインパクトが強かったのでしょう。逆に、Gにとっては、友だちに支えられた話のほうが病気のことよりも印象的だったのかもしれません。

◉久々の外遊び

保健学習の少しあとくらいだったでしょうか。休み時間は基本的に室内で過ごすGですが、ある日、朝から教室に姿が見えませんでした。私はGに用事があったので、「だれか、G、知らない?」と教室にいた子たちにきいてみました。すると、「さっき、運動場で遊んでいた」とのこと。私は耳を疑いました。「え、Gだよ。外? この寒いなか? まさか!」と言いながら、窓から運動場のGを探しました。「あそこや! わぁ、Gが遊んでいる!」と、教室にいた子たちが興奮気味に言っていました。それほど珍しいことだったのです。

私は、「記念写真、撮ってくるわ」と、急いで運動場に行き、写真を撮り

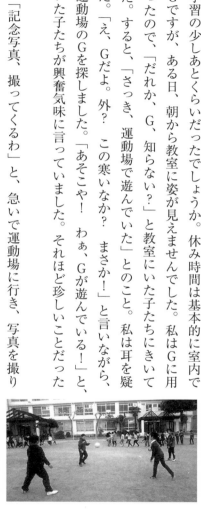

ました。Gが、「何しているの?」ときくので、「あんまり珍しいから、記念写真、撮りに来た」と答えました。Gは、「たしかに、そうかもね。外遊びなんて、一年生以来やわ!」とうれしそうにボール遊びをしていました。

◉体育学習への参加

二学期後半から、体育で球技をする機会が増えました。しかし、Gは相変わらずのマイペースで、列には並びませんでした。しかし、以前のように遠く離れたところに行くことはなく、みんなの様子が気になる感じで、わりと近くからちらちらと見ていました。

まず、チームの作戦が勝敗を決するといっても過言ではないフラッグフットボールですが、これは教室の生活班で対戦することにしました。座席が近いので、どの班も給食時間を中心に作戦カードを書き、それぞれの動きを確認し合っていました。試合は三人制なので、五、六人で構成する生活班は、攻撃によって組み合わせを変えていました。Gが作戦会議に積極的に参加することはなかったのですが、読書をしながら聞いていたようです。時々、班の子たちが作戦カードを指さして、「Gさん、これね。こっちに向かって走ってよ!」などと言うと、「わかった。走ったらいいだけね」とカードを見ながら答えていました。

しかし、体育の時間になると、コートには入らないのです。ところが、「Gさんが入らないと、この作戦はできないから、入って！」と言われたら、「え〜、もう。面倒くさいな！」とつぶやきながら、試合に入ったのです。それで、ロングパスをキャッチするというビッグプレーをして、班のみんなが大喜びするということがありました。これで気をよくしたGは、それ以来、フラッグフットボールには全力で参加するようになりました。

また、体育館のバスケットボールと、並行してやっていた運動場のポートボールでも、最初からチーム練習に参加するなど、いままでには見られなかった姿を見せてくれました。とくに、ポートボールのゴール役ではナイスキャッチを連発し、メンバーから絶賛されていました。

さらに、その後のサッカーでも、抜けることなく参加しました。ただ、寒いなかでのサッカーは、最初のうちは上着を脱がずにしぶしぶやっている感じでした。ところが、班の子たちに「Gさん、もっと動いて！」などと言われるので、次第にエンジンがかかってきたようでした。私は、まわりの子たちが遠慮せずに、Gにそういうことを言えるようになったのがうれしかったものです。「上着脱げば？」と言う子もいました。「わかった」と意外にもすんなり脱いでいるGを見たとき、子どもたちの関係が大きく変わったことを実感しました。

こういう場面を目にするのが、関係支援にとりくんできてよかったと思える瞬間です。

◉創作物語（国語教材「一枚の写真から」）

このように、Gの友だち関係は大きく変わりました。極めつけが、最後に紹介する創作物語です。これは、国語の教科書にある「一枚の写真から」という単元で、写真を見て物語を創作するという学習です。数枚のサンプルがありましたが、Gが選んだのは、細い枝の上で向かい合い、互いの角を合わせている二匹のカブトムシの写真でした。紹介します。

カブトムシの知識比べ

五年四組　G

「5×8×8＝……」

「はい、320。」

「正解です。」

さて、ここは人間に見つかっていない、無人島だ。ここは人間たちの手が入っていないため、とても自然が豊かだ。そして、木がとても密集しており、動物たちもほとんどいない。まさに、昆虫の楽園だ。しかも、ここの昆虫たちは賢い。その中でも特に頭のいいカブトムシたち二人が、どちらの頭がいいかを決めるために、クイズ対決をしている。

今はその対決の真最中だ。

「8×8×7=……」

「はい、448。」

「正解。」

「さあ、ここで三つのかけ算は終わり。次は、素因数分解の問題です。」

……とまあ、こんな感じで、週五のペースで対決をしていた。


しかし、そんな二人に強敵が現れた。それは、日本から来た二人のカブトだった。その二人にカブトムシたちは挑んだが、ことごとく敗北した。一人の力では勝てない。二人は確信した。そこで二人は協力して、勝つための努力を重ねた。


そして、勝負当日。二人一組のカブトチームが二組やってきた。

「それでは、二組とも、いざ、勝負。」

「ワーワー、二組ともがんばれー」

客席からかん声が飛んでくる。

「第一問。972を素因数分解せよ。」

ピロン

「はい、日本チーム。」

「答えは、3の5乗×2の2乗!」

「はい、正解。」

さあ、先手を取られた原住民チーム、どうなる。（ちっ、先手を取られたか。）

「さあ、第二問。100を素因数分解せよ。」

（おちつけ、おれ。考えろ!　わかった!!）

ピロン
「さあ、原住民チーム、どうだ、答えを。」

「答えは、5の2乗×2の2乗!」

「正解。」

そのあとも、げき戦が続いた。そして、いよいよ結果発表だ。

ジャカジャカジャカジャカ……ジャン!

「全一〇一問のうち、原住民チーム、正答数五一。日本チーム、正答数五〇。原住民チーム、一問差で勝利～!」

「そんなバカな。おれたちが負けただと。」

「おれたちは協力することを忘れていた。協力すれば、もっと上をめざせる。」

日本チームの二人はそれから、いつも協力し、問題を解いていった。二人の力は、協力することでさらに強くなった。

◉「ひとつの」終着点

この物語を読み終え、私は涙が出そうになりました。あのGが、あんなに友だちを避けていた彼が、「協力」をテーマにした物語を書くとは……と思うと、心からうれしかったのです。

そして、関係支援という実践が功を奏した結果だと思えました。第2章のDの事例で、長縄の記録更新を喜ぶ子の作文を、「関係支援がめざすひとつの着地点」と述べました。それは、冒頭から繰り返し述べてきたように、私の教育実践のベースには、「当事者から周囲へ」という視点があったからです。周囲の子の変化を関係支援の着地点ととらえていました。

しかし、Gの創作物語は彼自身、つまり当事者の変化です。そういう意味で、この事例は、関係支援の「ひとつの」終着点といってもいいように思えます。もちろん、これで終わりではありません。まだまだこの先、いろいろあるでしょう。だから、「ひとつの」終着点なのです。今後また、「もうひとつの」終着点があるはずです。でも、仲間との協力の大切さを学んだGは、その経験を糧に、今後ますます成長してくれると信じています。

第2項　みんながいる教室でがんばるH

関係支援の「ひとつの」終着点ともいえるGの事例をはじめ、これまでに取り上げてきた事例の多くは、私が小学校の学級担任としてかかわった子どもたちでした。また、関係支援のベースとなる学級経営についても、その具体的実践事例を写真も交えて紹介しました。このように、仲間づくりを核とした関係支援の実践においては、繰り返し述べてきたように、学級担任の動きがとても重要です。

しかし、学級担任以外の立場でも、関係支援を意識した実践は可能です。そもそも、私が関係支援を実践するようになったのは、特別支援学校に勤務していたころのことでした。そこで出会ったBの事例では、居住地交流をとおして、支援者が「あえて離れて見る」ことにより、友だち関係が活性化するという点を指摘していました（第2章第2節第2項）。つまり、子どもたちの前に立つことが多い学級担任よりも、子どもたちの側にいてさまざまな支援をする立場のほうが、その関係がよく見えるということです。

そこで、最後に取り上げるのは、私が小学校の特別支援学級担任（以下、支援担）としてかかわったHの事例です。学級担任と三十数人の子どもたち、そのなかに当然、Hがいて、支援担の私がいます。私は常に、Hのそばで彼の支援をしながら、まわりの子どもたちとHとを〝つなぐ〟ことを心がけていました。その「関係支援」の実際を、ここに紹介します。

◉母親との話

Hとの出会いは、彼がX小学校一年生のときでした。脳性まひの診断を受けてから、乳幼児の相談施設や病院などに通いながら、「みんなのなかで学ばせたい」との思いを強くした両親は、校区の市立幼稚園に入園させます。その後、母親の体調不良などの諸事情により、肢体不自由児の通園施設に転園させます。卒園後の進路として、校区にある小学校の特別支援学級か、スクールバスで通学する市立の特別支援学校か、両親はとても迷っておられました。両校の見学を重ね、悩みぬいた末、「みんなのなかで」という幼稚園の入園前に決断しながら途中で挫折せざるをえなかった思いを想起され、校区の小学校を選ばれました。

私は、特別支援学級担任として、Hと出会いました。入学前の見学などで数回出会ったことはありましたが、じっくりと付き合うなかで、「表情が豊かで、とくに笑顔がかわいく、よく声を出す子だな」という印象をもっていました。ただ、ことばで意思を伝えるのがむずかしく、その表情や声のトーン、視線や指さしなどを注意深く見るようにしていました。

一方、母親ともよく話をしました。出会った初めのころ、母親は、「とにかく歩けるようにしてほしいのです。拝野先生は特別支援学校にもおられたとのことで、とても安心しています」と言われました。私は、「お母さんのお気持ちは重々わかります。たしかに、支援学校での経験から、立位保持や歩行がとても大事であることを学んだし、主治医の指示の重要さも心得ているつもりです。ただ、まずはHさんの気持ちを最優先させて、何を課題にするかを考えていきたいと思っています。また、何よりも大切にしたいのは、まわりの子たちとの関係です。そのための小学校ですから」と答えました。母親は、「そうです。たくさんの刺激を受けて多くのことを学んでほしいのです。それが一番です」と笑顔で返されました。

その後、私は、なぜ本人の意志を最優先させたいかという点について、支援学校での経験を話しました。それは、次のような内容でした。

高等部二年生のJの話です。一学期の中ごろだったと思います。ＡＤＬ（日常生活動作）の学習で、歩行より車いす操作に重点を置いていた私に、母親が、「自宅から学校まで歩いて登校するのが、私たち親子の夢なのです」と言い、歩行訓練の徹底を求めました。私はJとの学習をとおして、彼が車いすを喜々として動かす姿を知っていたので、そのことを母親に伝えました。しかし母親は、「車いすのほうが楽しいからJは選ぶのです。とにかく歩かせてください」と譲りません。

私は、「お母さん、彼は、自分で選べないのです。私の言うままに返事をするのです」

と話し、次のように続けました。「私が、『次の時間は車いすにしようか』と言うと、『車いす！』と答えます。でも、『歩くのも大事だし、やっぱり歩く？』と尋ねると、『歩く』と。『どっちだよ？』と問い直すと、黙ってしまうのです。『自分がやりたいほうを言えばいいよ』と言うのですが、沈黙が延々と続きます。そういう場面が何度かありました。そして、私は考えました。Ｊが決められないのは、自分の意志より相手の要求に応えることを優先させてきたからではないかと。自分のことは自分で決めさせたいとは思うのですが、どうなのでしょうか」と。

それを聞いた母親は、「Ｊの意志には関係なく、とにかくいま、彼には歩くことが必要なのです。歩いて学校まで来るのがＪの夢なのです」と言います。「それって、ほんとうにＪさんの夢ですか？　お母さんの夢ではないですか？　Ｊさんは……」という私のことばをさえぎり、母親は、「もういいです。歩行訓練は、昨年度からお世話になっているＩ先生にお任せします」と言われました。

その後、母親はＩ先生と管理職に相談に行かれました。その結果、授業分担が代わり、私はＪの車いすだけを担当することになりました。釈然としない思いをいだきながら、「私は教員であって、ＯＴ（作業療法士）やＰＴ（理学療法士）など訓練の専門家ではない。教育の専門家だ。果たして、教育の専門家は何をする人なのか？」などと、悩む日々が続きました。

その後、母親とは何度も話し合いを重ねました。Jが先天性の障がいではなく、幼稚園のころに発症した脳性まひであることは知っていましたが、詳細は知りませんでした。母親は、そのあたりの事情を詳しく話してくださいました。

そして、「私が悪いのです。あのとき、もう少し早く病院に連れていけば、こんなことになっていなかったかもしれません。当時、Jはお話もちゃんとできていたし、歩いたり走ったり、そういうことが当たり前にできていました。だから、訓練すれば必ず思い出すはずだと思って、私は必死にやってきました。先生にはわからないかもしれませんが、私が訓練にこだわるのはそういうことです」と、涙ながらに語られました。自責の念に駆られ、訓練に集中することでしか自分を保つことができなかったという思いの一端を、私は、ただ聴くことしかできませんでした。

そんな深い思いを知ってなお、「それでも、本人の意思が大事ではないですか？」とは言えませんでした。それだけではなく、自宅から歩いて登校することを「お母さんの夢では？」と言ったことを想起し、そんな簡単に言えることではなかったのではないかと思い直すと、自分自身が恥ずかしくなりました。

Hの母親にそんな話をしながら、最後に、「でもね、やっぱり私は、子どもたちに自分の意志をしっかり伝えられる子になってほしいのです。Jさんのように、まわりに気を遣って何も言えない子にはなってほしくない。そのためには、私たち大人が、その思いに耳を傾けられるようになりたいのです。もちろん、私はまだまだです。自分の思いばかりを押し付けて、子どもたちの声を聴けてないところがいっぱいありますから」と、正直に話しました。

母親は、「私もこれまで、訓練、訓練と言いすぎていたかもしれません。いま、先生の話を聞いて、正直、耳が痛かったです。学校での学習は先生にお任せします。よろしくお願いします」と言ってくださいました。こうして、Hとの学習が始まりました。

◉一日の流れ

Hへの支援は、登下校の送迎以外、すべての時間に私たち支援学級の教職員が常時付いていました。

まずは、登校後の朝の準備です。校門で迎えることもありましたが、朝が早かったので、基本的にはお母さんに教室までお願いしていました。Hも自分でやろうとするのですが、ほとんどの物を床に落としてしまうので、私たちがサポートをしていました。近くにいる友だちが拾ってくれたときは、「ほら、Hさん。君が落としたものを拾ってくれたよ。ありがとうだよね」と私が言います。するとHは、「あ～っ」と声を出し、にっこりします。私が「ありがとうだって」とその子に言うと、最初のうちは笑顔を返すだけだった子たちも、慣れてくると「Hさん、いまのわざと落としたでしょ！」などと言うようになってきました。まわりの子たちとのちょっとした会話が弾む、朝の楽しいひと時です。

授業が始まると、Hは国語と算数だけ特別支援教室に行きます。車いすでみんなの前に行き、私の「行ってきます」に合わせてHも声を出します。クラスのみんなが「行ってらっしゃい！」と答えてくれます。廊下を歩きながら、Hは振り返って教室を指さします。「帰りたいの？ でも、国語と算数の時間はあっちの教室ね」と言いながら車いすを押しますが、Hはけっこう大きな声で拒否します。このように、Hは明確な意思表示ができます。

支援教室に入っても、なかなかやる気が出ません。しばらくすると、あきらめてエンジンがかかってくる感じです。たしかに、静かな教室で二人きりの授業はおもしろくないのでしょう。当時、もう一人、私がメインで担当していたNがいましたが、そのNが来て三人になると少しやる気が出ます。互いに意識して、がんばるようになります。いつもそうとは限りませんが……。

国語と算数の授業以外は、朝の会から終わりの会まで、ずっとみんなと同じ教室で過ごします。授業に関しては、支援に入った先生が担任の指示をよく聞いて、Hができる内容を考え、できる範囲で一緒にがんばります。友だちの助けを借りることもあります。

休み時間になると、幼稚園のころに同じクラスだった子たちもいるので、よく声をかけてくれます。Hもうれしそうに、満面の笑みで応えています。初めて出会う子たちも、車いすや立位台（姿勢保持などのために使用するもの）に興味を示し、Hの近くに集まってきます。足に付けている装具を見て、「これ何？　なんで靴みたいなの履いているの？」と尋ねます。私が、「足の力が弱いから、歩くときなんかにフラフラするからつけているの」と答えると、「え？　歩けるの？」と突っ込んできます。「いま、少しずつ練習しているよ！」と言うと、Hが「あ〜！」と声を出し、床を指さします。「何か言っているよ」という友だちに、私が、「『ここで歩けるよ！　ほら、歩かせてよ！』って、床を指さして言っているみたいだよ。ね、H、そうでしょ？」と言うと、Hは笑顔で応えます。「すごい、先生わかるの〜、Hさんの言っていること」と驚くので、「君たちもすぐにわかるよ！」と言うと、幼稚園で一緒だった子が、「そうそう、おしっこに行きたくなったら、このあたりを指さすよ。こんなふうに」とやって見せてくれます。「へぇ、私もHさんの言うこと、早くわかるようになりたいなぁ！」などと、うらやましそうに言ってくれるかわいい一年生たちでした。

◉まわりの子がモデルに

ある日の休み時間、Hのまわりにいた子どもたちが、「歩けるところ、見てみたい！」と言うので、「少しだけね」と言って車いすから降ろしました。すると、Hは、机を伝ってさっさと歩いていきます。机がなくなったところで私が手を添えると、一緒に歩きます。それを見ていたクラスの子どもたちは、「すごい！　そんなに歩けるの！」と、とても驚きます。そういえば、教室では車いすか立位台だし、体育のときに歩行器を使っているHしか見たことのない子どもたちは、彼が歩く姿を目にすることがほとんどなかったのです。たしかに、Hが廊下や階段で歩く練習をしている時間は、クラスのみんなは教室で国語か算数の学習をしているのですから、無理もないことです。

そんなある日、母親が、「先生、最近のH、すごく歩きたがるのです。家でもつかまり立ちをしてあちこち歩こうとするので危なっかしくて。先日行った病院でも、歩行訓練を見てくださっているPT（理学療法士）さんに誉められました。すごく上手に歩けているって。さすが、拝野先生、支援学校にいらしただけのことはありますね」と言われました。

私は、「いいえ、お母さん、違いますよ。彼がいま、『歩きたい』と強く思っているのは、まわりの子たちを見ているからですよ。みんな普通に歩いているし、走り回っている。そんな姿を毎日見ているから、『ぼくも歩きたい！』と思ってがんばるのだと思います。まわりにモデルがたくさんいるのですから。こういう状況は、支援学校にはありませんでした。いま、ADL（日常生活動作）の個別授業で、廊下や階段を歩いていますが、ふだんは私と二人きりです。でも、時々、だれかが横を通り過ぎるのです。それを見ると、Hは急にはりきります。その子を追いかけるように、スピードを上げます。ほんと、すごいのです。こういう姿を見ていると、小学校に入ってよかったなと思うのです」と話しました。

母親は、「そうですか。うれしいです。それが私たちの一番の望みでした。小学校に来て、ほんとうによかったです」と、しみじみと言われました。

◉音楽の授業で

音楽は、姿勢の安定が必要なので立位台に立って受けます。みんなが歌うときには声を出し、指示を聞くときには静かにしています。鍵盤ハーモニカは、息を吐くときだけ音が出るからむずかしいので、Hは吸ったときにも音が出るハーモニカを使っていました。立位台のそばにH専用の物置机を置いているのですが、その机上のかごのなかに入っているハーモニカを取り出してHに渡すと、うれしそうに音を出します。あまりにうるさいので静かにするように言うと、次第に、みんなが静かにしているときは、音を出さないようになりました。教科書も、担任の先生の指示に従って、私が開けます。こうした一連の支援を、まわりの子たちはよく見ていたようです。

そこで私は、「先生がいなくても、教科書開けたり、ハーモニカを出したり、できるかな？」と隣の子に尋ねてみます。「大丈夫！　できるよ」と言ってくれるので、私は教室の反対側の窓際に移動して、様子を見ています。すると、隣の子がいろいろと手伝ってくれています。担任の先生には私がそういう動きをすることを事前に話しているので、「あ、〇〇さん、ありがとう。Hさんのハーモニカ、出してくれたのね」と声をかけてくれます。

これが定着してくると、次は廊下から様子を見るようにします。しっかりできています。立位台が高いので、Hの様子は普通の児童机に座っていたら見えません。でも、たとえば教科書を出すときなどには、前にいる子が立ち上がって様子を見て、「ないよ」と隣の子に言います。すると、隣の子が音楽バッグから教科書を出して、ページをめくってくれています。すばらしい連携プレーです。こういうことができるようになると、私が教室にいなくても、担任の先生だけで授業を進めることができるようになります。ときには、担任の先生が、「Hさん、いまは音を出さないでね！　しーっ！」などと注意もしてくれるようになります。そしてしばらくすると、「拝野先生、ありがとうございます。まわりの子たちが助けてくれるので、音楽は私だけで大丈夫そうです」と言ってくださるようになりました。

こうした支援のあり方が、まさに関係支援なのです。つまり、関係支援の神髄は、「友だちをつなぐ」ことです。私の仕事は、最初はHへの直接的な支援です。しかし、少しのサポートでできそうなことは、近くの友だちに支援を頼むのです。もちろん、すべてがそういうわけにはいきません。危険を伴うような内容では、私たち支援学級の教職員が、一時もそばを離れることがないのはいうまでもありません。

◉図工の授業で

図工の学習も立位台で受けます。音楽とは違い、友だちにサポートを頼むことがむずかしいので、常時、支援学級のだれかが入り込んでいます。どの教科もそうですが、とくに図工は個人差が表に出やすく、作品の完成が早い子と遅い子とでは、一時間ほど差が出ることもあります。そこで担任の先生が、早く出した子たちに読書や自主学習などの課題を出します。

Hは私たち支援担が常時付いているので、比較的早く終わることが多いのです。そこで、Hを支援学級に連れ出していつもの個別課題をすることもできるのですが、私は、逆に、支援学級で使っている教材を教室に持ってきます。「型はめ」「ペグさし」「パズル」など、机上でできる小物ばかりですが、クラスの子たちにはなじみのない教具です。

Hがやりはじめると、早く終わった子たちが集まってきて、「いつもこういう勉強しているの?」などと尋ねてきます。「そう、みんながいまやっている自主学習と同じかな?」と答えながらHの様子を見ていると、いつになく意欲的な様子です。いつもなら一〇分以上はかかる教具を、なんと三分ほどで仕上げてしまいました。「え? もうできたの? 早いね!」と驚いていると、「あ〜あ〜(次はこれ!)」と別の教具を指さしています。「やる気満々だね!」と別の教具を机上に置くと、これまた猛スピードでがんばります。Hが少し戸惑っていると、まわりで見ていた子たちが「Hさん、がんばれ～！」と声援を送ります。それに笑顔とガッツポーズで応えるHです。

あまりにも盛り上がり、たくさんの子たちが集まってきます。まだ作品ができていない子まで近づき、授業の邪魔をしている感じになってきたので、私が、「Hもがんばっているから、君たちもがんばりね！」と言って、座らせます。

みんなの視線と応援のなか、懸命にがんばるH。とても微笑ましい光景です。当たり前のことですが、こうした姿は少人数の支援学級の個別学習では決して見ることはできません。また、何よりも、Hの学習意欲がここまで高まり、がんばる姿を二人きりの授業で見せてくれたことは、残念ながらそれまでにはありませんでした。仲間の力、すごいです。

このように、Hへの関心を高めていったまわりの子たちと学級担任の先生、そして、それに連動するかのように意欲的になっていったHの姿。こういう姿が、繰り返し述べてきた「相互性」であり、前項のGの事例同様、「関係支援」がめざす「ひとつの」到達点といっても過言ではないのかなと思えるのです。

◉初めてのパソコン室

このように、友だちがよく声をかけてくれて、Hはその声援に応えるかのように、いろいろな場面で懸命にがんばっていました。しかし、一度だけ、教室に置いてきぼりになったことがありました。わずか一〇分弱の時間でしたが、そういう問題ではなく、これは、関係支援の大切さ、インクルージョンの意味などをあらためて考えさせられる出来事でした。

その日の三校時は、初めてのパソコン学習でした。二校時の最後に、担任の先生が「業間休みが終わったら、みんなで並んでパソコン室に来るのですよ」と子どもたちに指示をされ、準備のためにパソコン室に行かれました。数日前に行き方を練習していた子どもたちは、「は～い、わかりました～!」と、自信満々に返事をしていました。

業間休みの終わりころ、Hがトイレから教室に戻ると、クラスのみんなはすでに廊下に並び終え、出発するところでした。Hもみんなと一緒に行きたかったのですが、三校時、私は別の子(N)と特別支援教室で学習する予定だったので連れては行けませんでした。交代する先生を待っていたとき、そのNが廊下の端にある支援教室に向かって歩いていく姿が遠くに見えました。このNはけっこうよく動く子で、私の不在がわかると探し回るであろうことが容易に予測されました。そこで、「H、ちょっとだけここで待って。交代の〇〇先生、すぐに来るから!」と言い残して、車いすのフットブレーキ(本人では絶対に外せない安全装置)をかけ、Nが向かっていた支援教室に急ぎました。

Nは私の姿が支援教室にないことを確認したあと、廊下に私の姿を見つけると、一目散に階段を下りていきました。いつものように、追いかけっこを楽しみたいという意図が見えました。「N、待って～！　今日はそんなことしている場合と違うから～」と、私は必死で追いかけます。なんとか追いついて、Nと手をつないで急いでHのところに戻りました。

ところが、交代の先生はまだ来られていなくて、Hは静かな教室で一人、寂しく待っていたのです。時間にすればわずか一〇分ほどのことでしたが、私はHにはとても申し訳ないことをしてしまいました。あとで聞いた話によると、隣のクラス担任の先生が、いつになくHの叫び声がするなと思っていたそうです。また、交代するはずだった先生は、休み時間に別の子のトイレ介助に手間取り、その子をトイレに置いておくわけにいかず、連絡もできずに時間が過ぎてしまったとのことでした。

学級担任に一連の話をすると、「私もHが来ないからどうしたのかなと思っていました。子どもたちにきくと、教室を出るとき、拝野先生と一緒にいたとのことだったので安心していました。でも、Hさんを一人にしてしまっていたのですね。すみません。クラスの子がいないのに、探しにも行かなかったなんて。すごく、情けないです」と、涙を流されました。

その後、担任の先生とあらためてじっくり話し合うなかで、「私、Hにはいつもだれかが付いてくださっているので、完全に任せっきりになっていました。今回のことで、それがよくわかりました。彼がいるかいないかも含めて、いつも人任せで、自分のクラスの子だという意識がなかったのだと思います。担任は私なのに、ほんとうに情けないです」と、また涙を見せました。

私が、「いえ、これは私たち支援担の連携の問題です。とても反省しています。ただ、たしかに、クラスの子どもたちにしたら初めてのパソコン室でテンションも上がり、Hどころではなかったというのはあるかもしれません。いつもなら、『Hは？』とか言ってくれていましたよね。でも、今回は、私が別の子と廊下で追いかけっこをして、交代の先生はまた別の子のトイレ介助に時間がかかり、そして、クラスの子たちは初めてのパソコン室だったなど、あまりにもいろいろ重なりすぎてしまいました。もちろん、だからといって決して許されることではないのですが……」と話しました。

担任の先生は、「拝野先生がまわりの子たちに支援の仕方を教えてくださって、私、音楽の授業を一人でするようになりましたよね。あれ以来、私、すごくHを見るようになったのです。支援学級のどなたかがいらっしゃるときには完全に任せきりでしたが、自分しかいないと思うと、自然とそうなっていました。だから、まわりの子たちとの関係も、いままで以上によく見るようになりました。そういう時期だったからこそ、今回のことが悔しくてしょうがないのです。私も、クラスの子たちも、Hのことを忘れてしまっていたことが……」と言われました。

◉「関係支援」を教育実践のベースに

こうした会話をするなかで、私は、関係支援の大切さを痛感しました。一方で、学級のなかで気になる子がいるときに、だれかに見てほしいとおっしゃる先生方のことを考えていました。そうおっしゃる先生方の思いの裏には、その責任をそのだれかに任せてしまいたいという気持ちが見え隠れしています。そういう視点でHの担任のことばを振り返ってみると、そうした他人任せの気持ちとは正反対に、「担任は私！」という強い思いが伝わってきます。

いうまでもなく、本来、書類上の担任は支援学級担任である私です。もちろん、交流学級担任は、「担任は私！」と言うその先生です。そういう問題ではなく、Hとのかかわりをとおして、自分が担任であるという意識が、この先生は強くなっていったのだと思います。

この先生の思いこそが、まさにインクルーシブな考え方ではないかと思います。そしてこういう考え方が、「関係支援」の根底にある理念であると確信しています。

以上述べてきたように、学級担任以外の立場であっても、関係支援、すなわち、友だちをつなぐ支援は可能です。むしろ、前に立っている学級担任よりも、子どもの側にいて子どもの関係をじっくりと観察できる担任以外の立場のほうが、子どもたちをつなぎやすいのではないかと思うほどです。これは、支援学校と支援学級担任を一三年間経験してきた実感です。

学級担任の立場になると、たしかに、自分以外にだれかがいてくれると助かります。ただ、べったりと付くヘルパー的な支援では、人が何人いても足りません。また、だれかに任せてしまえば、その子への意識は薄らいでしまいます。それは、Hが教室に置いてきぼりになった件を振り返ればわかります。一方、学級担任としては、Hの音楽の事例であげたように、支援する教職員がいなくても周囲の子どもたちの支援があれば、とても助かるのです。だからこそ、Hの担任は、音楽の授業を「一人でも大丈夫です」と言うにいたったわけですから。

こういう支援のあり方が、関係支援のめざすところです。これがうまく機能すれば、たとえば、介助員や支援員などの増員を声高に叫ばなくても、ある程度は何とかなるのではないかと思っています。もちろん、Hの図工の授業がそうであったように、担任にすべてを任せることができない状況はよくあります。また、すべての時間、目が離せないという子たちがいることも重々承知しています。しかし、たとえそういう状況であったとしても、支援に入っている教職員には、子どもたちを〝つなぐ〟という視点を大切にしてほしいと思っています。

私はいま、この「関係支援」を自分自身の教育実践のベースにしています。そして、それが全国のあらゆる学校や教室に広がり、それぞれの場所で温かい「つながり」がつくられ、インクルーシブの根がしっかりと張られていくことを切に願っています。

引用文献

第2章
青木省三（2011）『時代が締め出すこころ─精神科外来から見えること』岩波書店
赤坂憲雄（1995）『排除の現象学』ちくま学芸文庫
伊藤良子（2009）「人間はみな発達障害」伊藤良子・角野善宏・大山泰宏編『京大心理臨床シリーズ7「発達障害」と心理臨床』創元社、pp.15-27
鯨岡峻（2011）『子どもは育てられて育つ─関係発達の世代間循環を考える』慶應義塾大学出版会
小林隆児（2010）『関係からみた発達障碍』金剛出版
田中康雄（2010）『つなげよう─発達障害のある子どもたちとともに私たちができること』金剛出版
玉井邦夫（2009）『特別支援教育のプロとして子ども虐待を学ぶ』学習研究社
辻河昌登（2009）「特別支援教育と発達障害」伊藤良子・角野善宏・大山泰宏編『京大心理臨床シリーズ7「発達障害」と心理臨床』創元社、pp.426-434
徳田茂（2007）『特別支援教育を超えて─「個別支援」でなく、生き合う教育を』現代書館
文部科学省（2003）『今後の特別支援教育の在り方について（最終報告）』

第3章
伊原千晶（2009）「発達障害の娘を持つ母親の面接」伊藤良子・角野善宏・大山泰宏編『京大心理臨床シリーズ7「発達障害」と心理臨床』創元社、pp.370-381

小方朋子(2004)「養護学校制度の整備と一貫性教育の充実」藤井聰尚編著『特別支援教育とこれからの養護学校』ミネルヴァ書房、pp.28-40

神田橋條治ほか(2010)『発達障害は治りますか?』花風社

鯨岡峻(2002)「〈共に生きる場〉の発達臨床」鯨岡峻編著『〈共に生きる場〉の発達臨床』ミネルヴァ書房、pp.1-28

田中康雄(2010)「教師など教育現場の方にとって、養育者との連携で大切なことは何でしょうか?」『教育と医学』No.688、慶應義塾大学出版会、pp.28-34

田中康雄(2011)『発達支援のむこうとこちら』日本評論社

玉井邦夫(2009)『特別支援教育のプロとして子ども虐待を学ぶ』学習研究社

拝野佳生・辻河昌登(2012)「特別支援教育における「関係支援」という視点―『仲間づくり』に関する実践事例の分析を通して」『発達心理臨床研究』18巻、兵庫教育大学発達心理臨床研究センター、pp.107-118

拝野佳生・辻河昌登(2014)「特別支援教育における支援者の役割―「関係支援」の実践を通して」『発達心理臨床研究』20巻、兵庫教育大学発達心理臨床研究センター、pp.31-41

浜谷直人(2011)「個への支援からインクルージョンへ―巡回相談の現場から」教育科学研究会編『教育』No.790、国土社、pp.18-25

村瀬嘉代子(2012)「生きることと教育―バランス感覚と知足」『こころの科学』No.163、日本評論社、pp.85-88

おわりに

教員が担任として子どもたちと付き合うのは、中学校や高等学校では三年間が多いようですが、複式学級があるような小規模校は例外として、小学校では通常は一年か二年です。図工や音楽などの専科で担任以外の付き合いがあったとしても、せいぜい三、四年間です。しかし、子どもたち同士は、私学などへの進学は別として、少なくとも義務教育の九年間、同じ時間と空間のなかで共に過ごしています。就学前の幼稚園や保育所、高等学校などを含めると、最大一四、五年間、ずっと一緒という関係の子たちもいます。また、学校を卒業してからのことも含めて考えると、二〇年以上ずっと同じ地域で暮らしている場合もあります。

私が、わずか数年間の学校生活で、「関係支援」をベースに日々の教育実践を積み重ねてきたのは、実は、この点を意識していたからにほかなりません。同じ地域で暮らしていく以上、まずは互いの存在を知っていてほしいし、何らかのかたちでの〝つながり〟があればと願っていました。しかし、とりわけ、障がいのある人の場合、社会から隔絶された生活を余儀なくされていたり、遠方の学校や施設などにバスで通っていたりすると、その存在すら知られていないことさえあります。ましてや、何らかの〝つながり〟など、皆無に等しいという方々もおられます。残念ながら、一九九五年の阪神・淡路大震災のとき、そうした事例が各地で見られました。しかし一方で、二〇一一年の東日本大震災以来、〝つながり〟や〝絆《きずな》〟をキーワードとした支援が各方面で展開されています。

今後、「関係支援」を核とした教育実践の蓄積が、さまざまな〝つながり〟として結実するという展望をもちながら、地道なとりくみを続けていきたいものです。その一方で、それらの実践を論文などにまとめ、それをさまざまな場面で発信していきたいとも考えています。そうした作業をとおして、自らの実践を点検し直すことが今後の大きな課題であると考えています。

二〇二二年三月末、定年退職で三八年間の教職を終えました。その後、市内の放課後等デイサービスに職を得て、心理専門職として働くことになりました。保護者支援を中心に、指導員へのコンサルテーションや子どもたちへのストレス学習などを実施しています。そのなかで、多くの保護者が望まれているのは、「クラスのなかでの居場所」に関するものでした。支援学級への要望などもいろいろありましたが、相談の多くは交流学級での友だち関係についてです。これはまさに、私が実践的研究を進めてきた「関係支援」にかかわる相談ですので、本書に記載した事例を話すこともありました。また、保護者の要望に応じて学校訪問を実施し、家庭と教育と福祉が連携する「トライアングル」支援（厚生労働省、二〇一七年）をめざしています。

また、その翌年から、兵庫県内で三つの公立学校カウンセラーの職を得ました。さらに、二〇一七年度から拝命している兵庫教育大学の非常勤講師も継続しています。それぞれの立ち位置において、三八年間の教職経験を最大限に活《い》かしつつ、それに固執しすぎることがないよう肝に銘じながら、「子どもの最善の利益」（「子どもの権利条約」第三条）を常に念頭に、教育や福祉に携わる方々と真摯に向き合っていきたいと考えています。

書籍の発行は積年の夢でした。いま、ようやくここにたどり着くことができました。その機会を与えてくださったのは、二年間学んだ兵庫教育大学大学院でご指導をいただいた夏野良司先生をはじめとする諸先生方です。とりわけ、辻河昌登先生にはたいへんお世話になりました。大学院修了後も、私に大学の研究紀要論文の執筆を勧めてくださり、大学院での授業の講師に呼んでくださるなど、さまざまな面で気にかけてくださいました。また、兵庫教育大学をご退職後に渡米され、ニューヨークの「ウィリアム・アランソン・ホワイト精神分析研究所」で研修をされていた際にも、遠く離れた地から、日本心理臨床学会の自主シンポジウムでの発表原稿を丁寧にご指導くださいました。帰国後は、帝塚山学院大学大学院の教授として、公私ともに超多忙な状況のなかで、あらゆる面でサポートしてくださっています。本書の執筆にあたり、まずは、ほかのだれよりも、辻河先生に衷心よりお礼申し上げます。ありがとうございます。

また、大阪教育大学を定年退官され、大阪成蹊大学やびわこ成蹊スポーツ大学で勤務されていた園田雅春先生には、人権教育の視点からさまざまなご示唆をいただきました。ご自身の小学校での教職経験に加え、大学に勤められてからも全国各地の学校などでの研修講師や数々の著書の出版など、豊富なご経験に裏打ちされたさまざまな指摘は、とても明解で腑《ふ》に落ちました。とりわけ、本書の初稿をメールの添付ファイルでお送りしたら、とても丁寧に読んでいただき、早々にご返信をいただきました。その後、頻回なメールのやり取りをとおして、加筆および修正点などについて、丁寧にご指導くださいました。心より感謝申し上げます。

さらに、数年前に兵庫教育大学を定年退官され、現在は関西外国語大学で小中高等学校の英語科教員をめざす学生に「生徒指導論」や「学校カウンセリング」などを教えられている新井肇先生には、入念な査読のもと的確なご指摘をいただきました。それは、高等学校での三〇年にわたる教職経験をはじめ、兵庫教育大学大学院「生徒指導実践開発コース」での研究および教育実践、また、文部科学省の「いじめ防止対策協議会」や「児童生徒の自殺予防に関する調査研究協力者会議」などの委員を歴任されるなど、枚挙にいとまがない豊富なご経験にもとづく深みのある一言一句でした。二〇一八年度からは、私が運営側（司会者団）としてかかわっている研究会の助言者になっていただくというご縁もあり、多大なご示唆をいただきました。

一方、これまでに同じ職場で働かせていただいた同僚の先生方です。とりわけ、ある学級が崩れはじめたのを機に、職員が一丸となって前に進んだX小学校の先生方との思い出は語りつくせないほどたくさんあります。そのなかで、ピンチをチャンスに変えていった経験が、本書第4章で紹介した「写真フォルダの作成」や「給食ローテーション」などの具体的実践につながりました。もちろん、X小学校だけではありません。二三歳で赴任した校外学級で、同和教育についてとことん語り合った指導員仲間たち（Tさん、Nさん、Oさん……）、また、二四歳から五年間勤めたW小学校で、人権教育の基礎を教えてくださった先輩の先生方（S先生、M先生、U先生……）など、数え上げればきりがありません。若いころのこうした出会いにより、人権教育をベースとした「関係支援」の考え方が培われました。

実は私、何度か病気休暇を取って休んだことがあります。その間、それぞれの学校で、ほんとうに多くの先生方に、ご心配やご迷惑、ご苦労をおかけしました。実は二〇一九年度にも、長期の自宅療養を余儀なくされていました。非常勤講師が圧倒的に不足している昨今、代替教員がなかなか決まらない厳しい状況のなか、なんとかやりくりしてくださり、退職されていたH先生にまで無理をお願いして担任をしていただきました。このように、とくに、教員としての最後の勤務校となった小学校の先生方には、ほんとうにお世話になりました。衷心よりお礼申し上げます。いくら感謝してもしきれません。

また、本書にご登場いただいた子どもたちと保護者の方々です。プライバシーに配慮しながら、事例の本質を損なわない程度に若干の修正を加えてはいますが、この方々の存在なくして本書の出版はありませんでした。もちろん、ここには出てきませんでしたが、これまでに私がかかわってきたすべての教え子や保護者のみなさまからは、実に多くのことを学ばせていただきました。その出会いもまた貴重な宝物であり、それが本書につながっています。

さらに、かけがえのない家族の支えです。本書の執筆も、長期の病気休暇がきっかけでした。この間、私がネットで探しても在庫がなくて買えなかった本を、入院中に読めるようにと、古本屋を探し回って全巻そろえて病院に持ってきてくれた娘。また、赴任先の遠い神奈川から急いで駆けつけて、ゆっくりと私の話を聴いてくれた息子。二人とも成人してはいますが、わが子ながら、その優しさにあらためて感動し、心から感謝しています。とくに、妻には私の病気のことで心配や苦労をかけました。その温かさに対する恩返しのつもりで、病気と向き合いながら挫折することなく執筆作業を続けることができました。ほんとうに、ありがとう。

最後に、この本を手に取ってくださった読者のみなさま、ほんとうにありがとうございます。

ここ数年、関係の分断を余儀なくされたコロナ禍だったからこそ、よりいっそう関係づくりを大切にしてきました。そしていま、アフターコロナ、ウィズコロナ等々、新たな地平が見えてきた気もします。しかし、世の中の状況がどうあろうと、とくに教職に就いておられるみなさまには、ぜひ、「関係支援」を実践していただき、温かい教室や学校がつくられることを切に願っています。そして、その輪が全国に広がっていくことを夢見ながら、ペンを置くことにします。

二〇二三年七月

拝野 佳生

著者紹介
拝野佳生（はいの・よしき）
1961年、兵庫県生まれ。1984年、大阪教育大学卒業。兵庫県阪神間の公立学校に勤務し、
1997年、兵庫教育大学大学院に進学。学校現場に戻り、臨床心理学を背景に「関係支援」（関係構築をめざす支援）に関する実践的研究をすすめる。臨床心理士。公認心理師。
現在は、放課後等デイサービスの心理専門職のほか、兵庫県下のスクール（キャンパス）カウンセラーを複数校兼務。兵庫教育大学非常勤講師として、４回生に教職の魅力を伝えている。宝塚発達心理ラボ（地元在勤・在住の臨床心理士・公認心理師による研究会）会員。

〝関係支援〟を核とした学級づくり
「特別でない」特別支援教育をめざして

2023年11月15日　初版第１刷発行
著者　拝野佳生
発行　株式会社 解放出版社
大阪市港区波除4-1-37 ＨＲＣビル３階 〒552-0001
電話 06-6581-8542　FAX 06-6581-8552
東京事務所
東京都文京区本郷1-28-36　鳳明ビル102Ａ 〒113-0033
電話 03-5213-4771　FAX 03-5213-4777
郵便振替 00900-4-75417　HP https://www.kaihou-s.com/
印刷　モリモト印刷株式会社

ISBN978-4-7592-2170-1　NDC375.1　226P　19cm

障害などの理由で印刷媒体による本書のご利用が困難な方へ

本書の内容を、点訳データ、音読データ、拡大写本データなどに複製することを認めます。ただし、営利を目的とする場合はこのかぎりではありません。

また、本書をご購入いただいた方のうち、障害などのために本書を読めない方に、テキストデータを提供いたします。

ご希望の方は、下記のテキストデータ引換券（コピー不可）を同封し、住所、氏名、メールアドレス、電話番号をご記入のうえ、下記までお申し込みください。メールの添付ファイルでテキストデータを送ります。

なお、データはテキストのみで、写真などは含まれません。

第三者への貸与、配信、ネット上での公開などは著作権法で禁止されていますのでご留意をお願いいたします。

あて先
〒552-0001 大阪市港区波除4-1-37 HRCビル3F 解放出版社
『〝関係支援〟を核とした学級づくり』テキストデータ係

テキストデータ引換券
『関係支援』
2170

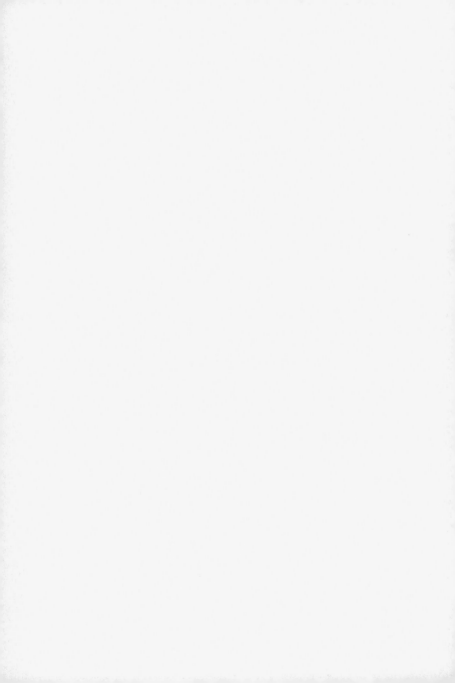